KB073536

그대들의 불안에 바치는 書(서)

그대들의 불안에 바치는 書(서)

조준호 지음

저녁달

얼마 전 근대사를 연구하는 친구와 얘기를 나누다 '우리나라는 참 축복을 많이 받은 나라구나.' 하는 생각을 했다. 물론 이 '축복받은 나라'라는 말에 선뜻 동의하지 못하는 이들도 있을 것이다. 갈수록 살기는 힘들어지고 명절에 친척들이 모이면 정치인이나 정부에 대한 불만을 쏟아놓기 바쁜데 축복을 받았다니. 정권이 바뀌어도 정치인을 욕하지 않을 수 없을 정도로 정치가 엉망이고 뉴스를 보고 있으면 나라가 곧 망할 것처럼 느껴지니 축복이라는 표현은 도무지 어울리지 않는다고 생각할 것이다.

하지만 찬찬히 생각해보자. 우리나라는 어려운 국면을 맞았을 때 늘 방법을 찾아 극복하고 새로운 기회를 만나 다른 길을 열었다. 외환위기IMF 때도 그랬고 2000년대 초반, 기술이 앞선 선진국과 원가가 더 싼 개발도상국 사이에 끼어 경쟁력을 잃는 중진국의 함정에 빠질 거라던 시기에도 그랬고 2008년 전 세계적 금융위기 때도 그랬다. 모든 위기마다 이번에는 상황이 달라 극복하기 어려울 것이라고 비관했지만 매번 길을 만들었다. 평소에는 정부 정책에 대한 이견이 많고 정치적 의견도 양 갈래로 나뉘어 옥신각신하다가도 국가적 어려움이 생기면 힘을 모아 해결해내는 희한한 나라였다.

과거의 영광이 있었다고는 하나 현재 우리나라 사람들은 갈수록 너무나 살기 힘들어진다고 호소한다. 회사원은 회사원대로 자영업자는 자영업자대로 삶이 팍팍하다. 물가는 오르지만 소득은 그대로이고 경쟁은 더욱 치열해지고 있다. 수많은 청년들이 직장, 주택, 부채 등 커다란 짐을 짊어지고 있다. 노년층의 빈곤도 큰 사회 문제다. 2023년 OECD 「한눈에 보는 연금 보고서Pensions at a Glance」에 따르면 우리나라 노인 빈곤율은 40.4%로 38개 OECD 국가 중 가장 높다. 중위소득의 50%에 못 미치면 빈곤층으로 보는데 2024년 기준 한국의 중위소득은 1인 기준 222만 8,445원이다.

사회보장 성격의 기초연금과 국민연금을 합쳐도 월 112만 원이 안 된다는 말이다. 자산을 포함한다고 해도 한국의 노인 빈곤율은 세계 최고 수준이다. 그러다 보니 65세 이상의 35%는 생계비를 벌기 위해 계속 노동을 하고 있다.

현재뿐 아니라 미래 전망도 어둡다는 얘기를 많이 듣는다. 미중 패권 다툼으로 접근 가능 시장도 줄어들고 심각한 저출산으로 인해 잠재성장률은 조만간 0%대로 떨어질 것이라는 우려가 크다. 저출산이 가져올 부정적 결과는 노동력 부족, 연금 및 복지 부담 증가, 의료비 증가, 소비 감소, 군 병력 감소 등등 일일이 열거하자면 너무나 길다. 세대마다 분야마다 문제가 이렇게 산적해 있는데 정부나 정치인들은 정말 중요한 문제를 해결할 의지가 없어 보이니 사람들은 너무나 답답하다고 아우성이다.

하지만 이 아우성 속에서도 나는 여전히 우리나라가 축복받았다고 생각한다. 순진한 낙관론자여서가 아니다. 오히려 냉철한 이성주의자라서 그렇게 생각한다. 우선 급속한 고령화와 출산율 감소 시기가 AI와 로봇 기술의 실제 상용화 가능 시점과 절묘하게 맞아떨어진다. 우리가 'AI·로봇화'에서 가장 앞서는 나라가 됨으로

써 새로운 성장 산업을 일으키는 한편 고령화와 저출산으로 인한 여러 가지 문제, 노인 돌봄 서비스, 의료 서비스 개선, 교육 문제에 대한 해결책을 찾을 수 있을 것이다.

미국, 일본, 중국 등 첨단기술 개발에 몰두하여 성과를 거두고 있는 나라들은 많지만, 우리나라처럼 평균적인 교육 수준과 신기술에 대한 적응성이 높은 나라는 없다. 게다가 현재 미국이 반도체와 같은 첨단기술산업에서 중국을 견제해준 덕분에 우리 입장에서는 서구권 시장 확보와 함께 시간을 벌고 있기도 하다. 패권 경쟁이 우리에게 꼭 불리한 것은 아니라는 얘기다.

이처럼 우리나라는 어떤 위기 상황에서든 다시 살아남을 길을 반드시 찾아낼 것이다. 그러나 우리가 지금까지 살아온 대로 살고 사회제도와 시스템 또한 변함없이 유지된다면 개인은 여전히 갈수록 살기 힘들다는 절망과 좌절에서 벗어나지 못할 것 같다. 오히려 더 힘들어질지도 모른다. 많은 직업이 사라지고 고도로 숙련된 노동자를 원하는 새로운 직업과 직무가 생긴다면 소득의 양극화는 더욱 심각해질 수밖에 없다. 그렇게 되면 자신만의 확고한 가치관 없이 남과 비교하며 살아왔던 사람은 더욱 상실감을 느끼고 불만이 커질 것이다. 게다가 우리나라는 교육도 육아도 의료도 주택도 공공정책보다는 개인의 해결책에 의존하는 사회이기 때문에 시장에서 가장 비싸고 가장 좋은 것을 가지지 못한 대부분의 사람들은 더욱 불만족스럽고 불행한 상태에 놓일 것이다.

사람들은 모두 돈을 원하고 돈으로 살 수 있는 가장 좋은 것을 가지길 원하기 때문에 우리는 삶의 모든 영역에서 극한의 경쟁을 하고 있다. 삶은 늘 힘들고 피곤하다. 이 와중에 결혼을 하고 가정을 책임지고 아이를 낳는 일은 내가 할 수 있는 일이 아닌 것처럼 멀게 느껴진다. 모두가 똑같이 따르는 야망이나 욕구에서 벗어나 나만의 가치관을 갖고 싶다고 생각은 하지만 경쟁적 삶이나 일 중독의 삶이 이미 학습돼 있어 다시 고단한 일상으로 돌아오고 만다. OECD 국가 중 최상위권의 자살률과 최하위권의 행복지수에도 별것 아니라는 듯 살아오던 대로 그냥 살아간다.

현재 우리 사회는 여러모로 한계에 도달한 것 같다. 이제는 우리 미래를 위해 개개인의 삶의 방식과 사회 전체의 시스템을 근본적으로 바꾸는 개혁을 시작해야 할 때다. 눈 떠보니 나라는 선진국이 되었다는데, 대다수의 국민은 행복하지 않다. 말로만 선진국이 아니라 각자의 행복을 추구하는 것이 자연스러운 진정한 선진국을 위한 여정을 시작할 때가 된 것이다.

자신에게 소중한 것들을 누리면서 자기 양심에 따라 살면서도 잘살 수 있는 사회로 바뀔 희망이 분명히 있다. 이미 한계상황에 이르렀기 때문에 오히려 근본적 변화를 일으킬 수 있는 기회가 왔다. 더 이상 세상의 기준을 따르고 다른 사람의 삶과 자신의 삶을 비교하며 절망에 빠지는 일은 그만할 때가 되었다. 나와는 맞지 않는 기준을 따르려다 보면 손해 보지 않으려고 온갖 수단을 동원해 편법을 쓰기도 하고 어떻게든 경쟁에서만 이기면 다 괜찮다는 도덕적 해이에 빠져버리고 만다.

살면서 나의 이상이나 목표를 그대로 지키지 못하고 현실에 맞추어 포기한 적이 있진 않았는가? 나의 신념과 가치관을 일부 양보하면서 현실적인 선택을 해야 할 때는 없었는가? 누구나 있었을 것이다. 그런데 온갖 편법과 살벌한 경쟁이 난무하는 이 세상에도 성실하고 불의에 분노하며 양심껏 바르게 살려고 애쓰는 사람들이 존재한다. 그들은 삶의 한계에 부딪혀 갈등하는 사람들에게 선한 영향력을 미치기도 한다. '나도 저 사람처럼 내면이 단단하고 가치관이 올바른 사람이고 싶다'는 마음을 먹게 한다.

완벽하게 원칙을 지키며 사는 것은 불가능할 수 있지만 세상과 타협하지 않겠다는 태도는 분명 삶을 바꾼다. 나는 여러분이 더 이상 세상의 기준에 따르느라 행복을 잠식시키지 않기를 바란다. 세상과 타협하지 않는 태도를 실천하기를 바란다. 개인의 힘은 미약하지만 생각이 비슷한 사람들의 수가 점점 늘어나 임계점을 넘으면 변화는 분명 눈앞에 나타날 것이다. 더불어 이 시대에 필요한 사회적 변화를 추구하는 정치세력을 잘 골라 지지한다면 더욱 큰 변화의 에너지를 만들어낼 수도 있다.

나의 세대까지는 산업화와 민주화를 위해 노력했다. 그 결과 이제 소득 면에서 우리나라는 선진국의 문턱을 넘어섰고 적어도 절차상으로는 민주화가 상당히 이루어졌다. 물론 부족함은 많지만 지금까지의 경제적·사회적 바탕 위에서 양심에 따라 각자의 소중한 것을 누리며 잘살 수 있는 진짜 선진국을 만들어가기 위한 토대는 마련되었다. 올바른 가치관을 세우고 그 신념을 지키고자 노력하는 개인의 행동은 곧 느리지만 확실하게 세상을 바꾸리라 믿는다. 그 변화의 길에 이 책이 미약하나마 안내자 역할을 해줄 것이다. 함께 한 발짝 내디뎌보자.

격려하고 지지하는 마음으로,
조준호

차례

바람직한 사회적 변화를 위한 몇 가지 생각

1장

진정한
선진국이 될
기회가 왔다

유례없는
성공을 거둔 나라

1980년대에는 해외에 나가면 사람들이 나에게 일본 사람이냐 중국 사람이냐 하고 물어보곤 했다. 한국 사람이라고 답하면 당황해서 말을 얼버무렸다. 그 당시에는 여전히 우리나라를 전쟁으로 황폐화된 지독히 가난한 나라라고 생각하는 사람들이 많았다. 서방 국가에 비하면야 훨씬 가난했지만 이제 막 풍요로움을 누리기 시작하며 나라가 성장해가던 시기였기에 우리 세대는 나의 발전이 곧 국가의 발전이라 생각했다. 유학을 가서 공부하고 선진국 기업을 모델로 삼아 배우고 따라 하면서 언젠가는 나라도 개인도 잘살게 되기를 바라는 마음으로 열심히 일했다.

그런데 몇 년 전부터 우리나라가 선진국이 되었다는 얘기가 들리기 시작했다. 유엔무역개발회의UNCTAD에 의해 대한민국이 신흥공업국 지위를 졸업하고 선진국으로 분류된 것이다.

한국은 전 세계에서 유례없이 고속 성장한 나라인 것은 틀림없다. 불과 두 세대 만에 세계 최빈국에서 부자 나라의 반열에 들어섰고 민주주의를 정착시켰다. 세계적으로 손꼽히는 교육 수준과 함께 수준 높은 의료보험 및 건강보험 시스템을 정착시켰으며 최상위권의 평균수명을 누리게 됐다. 인구수는 5,000만 명 정도이고 국토 면적도 작은 데다 자연자원도 거의 없지만 전자, 반도체, 자동차, 조선, 석유화학 등 다양한 산업 분야에서 세계 정상급 기업을 보유하고 있다. 전기차나 로봇 등 미래 산업에 대한 투자도 활발하다. 많은 개발도상국이 우리나라를 모델로 삼고 발전하기 위해 노력한다고 한다. '빨리빨리' 문화 덕분에 배달 문화가 발달했으며 인터넷 설치, 병원 진료 예약, 행정 서비스 등 거의 모든 서비스와 행정이 다른 나라에서는 상상도 할 수 없을 만큼 빠르고 정확하게 이루어진다. 전국 구석구석 깔린 도로망과 정시 운행이 기본인 철도 시스템도 빼놓을 수 없다. 수많은 외국인 관광객이 인천공

항의 수준이나 대중교통의 편리성, 공중화장실의 청결함에 감탄하고 부러워한다.

음악, 드라마, 영화 등 대중문화의 세계적 영향력도 커졌으며 패션, 화장, 음식까지도 해외에서 인기를 얻는 중이다. 그 여파로 한국어는 전 세계적으로 빠르게 성장하는 언어 중 하나라고 한다. 특히 아시아에서 인기가 높지만 중남미, 중동, 북미, 유럽에 이르기까지 그야말로 한류가 세계적인 현상이 됐다.

아직도 갈 길은 멀지만, 잘사는 나라가 되는 것이 꿈이었던 한국은 그 오랜 꿈을 이룬 나라다.

행복을 잃어버린 사회

그런데 다들 힘들다고 한다. 젊은이는 젊은이대로 어른들은 어른
대로 살기가 어렵다고 느낀다.

　우리나라에 행복하지 않은 사람들이 많다는 것은 다른 나라
와 비교해보아도 사실인 것 같다. 한국 사람들이 느끼는 행복감은
OECD 국가 중 최하위권에 속한다고 한다. 더 심각한 것은 자신이
어려움에 처했을 때 주변의 도움을 받을 수 있느냐는 질문에 우리
나라 사람들이 가장 낮은 점수를 주었다는 사실이다.

　국가는 계속 발전하고 있는데 국민은 왜 이렇게 힘들어할까?

내가 생각해본 이유는 이렇다.

첫째, 모든 사람이 똑같은 목표를 갖고 있다. 한두 가지의 가치를 놓고 그것을 향해 모두가 치열하게 경쟁한다. 우리나라는 고려시대부터 과거제도를 통해 인재를 등용하는 전통이 있기는 했으나, 산업화가 시작된 후에는 의도적으로 경쟁적인 교육 시스템과 사회 시스템을 만들어 사람들이 열심히 일하도록 했다.

지금은 달라졌겠지만 과거에는 초등학교 1학년 시험부터 성적대로 등수를 매겨 공개했고, 성적이 우수한 아이는 잘못을 저질러도 대부분 용서받던 때도 있었다. 반장도 성적이 좋아야 출마할 수 있었다. 성적이 좋은 아이들은 명문 중고등학교를 나와 명문 대학교에 진학하고, 대학 졸업 후 행정고시나 사법고시에 합격하여 전문직 엘리트가 되거나 대기업에 입사했다. 대부분 산업화 시대에 사회 각계의 리더로 활약했고 그에 따른 경제적 보상도 크게 받았다. 그러한 선례는 많은 사람들이 경쟁을 내면화하는 계기가 되었다. 삶의 경쟁에서 이긴 승자가 경제적 보상을 거의 다 가져가는 식이니 일단 경쟁에서 이기는 것을 목표로 삼고 다들 달렸다.

특히 한국 사람들은 자신의 소득이나 자산이 상위 몇 % 안에

드는지도 중요하게 생각하는데 그중에서도 상위 5% 안에는 들어가야 잘사는 것이라고 생각할 만큼 눈높이도 높다. 무조건 1등과 최고만 지향하던 사회였기에 올림픽에서 은메달 획득을 축하하고 인정하는 공감대가 형성된 지도 얼마 되지 않았다. 그전까지는 항상 1등만 기억했고 1등이 아니면 별 의미를 두지 않았다.

대부분의 사람들은 돈을 많이 벌고 명예로운 직업을 갖는 것이 최고의 가치라고 생각하며 살아왔다. 근대화 이전 신분 사회에서도 글을 배워 관직에 나가는 것이 가장 명예로운 신분 상승의 길이자 신분을 유지하는 길이었기 때문에 여유 있는 집은 너 나 할 것 없이 과거 준비에 매달렸다. 산업화 시기에 들어선 후에는 좋은 대학교를 나와 소위 '좋은 직업'이나 '좋은 직장', 즉 변호사, 의사, 고급 공무원이 되거나 대기업, 공기업에서 일하는 것이 신분 상승의 지름길이었다.

지금도 크게 달라지진 않았다. 우리나라 고용의 대부분을 차지하는 중소기업의 급여와 복지 수준이 대기업의 것과는 격차가 크기 때문에 다들 대기업 입사를 희망하고, 부모는 자녀가 어느 회사에 다닌다고 말했을 때 주변에서 알아주면 뿌듯함을 느낀다. 이런 '좋은' 직장들은 출신 학교와 성적을 기반으로 사람을 채용하고 평생 높은 직업 안정성과 소득을 얻게 해주는 곳으로 인식된다. 그러니 부모들은 자녀들이 어려서부터 치열한 성적 경쟁에서 살아남도록 사교육을 통해 좋은 성적을 받게 하려고 노력할 수밖에 없다. 노후 준비를 포기하면서까지 자녀의 사교육비에 투자한다.

대기업에 취업한 이후에도 경쟁은 계속된다. 오히려 더 치열하다. 승진을 위해 경쟁하고 살아남기 위해 분투해야 한다. 평균수명은 늘어난다는데 퇴직 연령은 더 젊어지고 있다. 퇴직 후 차별적 역량이 없다 보니 프랜차이즈 식당이나 카페를 시작하지만 워낙 많은 수가 경쟁하다 보니 대부분 망한다(그러면서 본사 창업주들을 상위 몇 % 부자로 만드는 데 일조한다).

한편으로는 파이어족 열풍이 불어, 남의 회사 다니며 돈 벌어주는 것보다 하루라도 빨리 경제적 자유를 얻는 것이 중요하다며 세칭 '구루guru'들의 말에 귀를 기울이며 책을 사고 강연을 듣는다. 결국 그 사람의 책 판매나 영상 조회수를 늘려주어 그의 경제적 자유를 도와주는 것밖에 안 되는 경우가 많은 것 같다. 심한 경우 자기가 사놓은 주식을 슬쩍 팔아넘기는 악당도 있다. 높은 수익을 미끼로 한 사기꾼들에게 속아 피땀 흘려 모은 돈을 날리는 사람도 많다.

어떻게든 이런 경쟁 속에서 노력한 끝에 상위 5%에 들었다고 해보자. 사람들은 이제 거기에 만족하며 편안하고 행복한 삶을 살까? 안타깝게도 그렇지 않다. 그다음은 상위 1%가 되어야 하고 그다음은 상위 0.1%가 되어야 한다. 그런데 뉴스를 보면 그 0.1%의 삶도 편안하고 행복해 보이진 않는다. 화려하고 사치스러울 수는 있겠으나 자녀 간에도 경영권을 둘러싸고 경쟁이 치열하고 유산을 둘러싼 분쟁은 부모자식 간에도 험악한 경우가 많다(물론 그 부와 재산으로 주변에 갑질이나 권력 놀이를 하며 여타의 모든 불행함을 보상받고 있을지도 모르겠지만 적어도 내 기준으로는 행복과는 거리가 멀다).

둘째, 사회가 강요하는 기준을 놓고 남과 자신을 비교하며 정작 자기가 소중하다고 생각하는 것을 누리지 못한다. 심각하다. 학교에서는 성적과 대입이 중요하게 여겨지고, 학생들은 자신이 진정으로 원하는 것보다 좋은 대학에 가기 위해 경쟁한다. 이러한 경쟁은 대학을 졸업한 후에도 이어진다. 직장에서의 성과 평가, 연봉, 직급 등은 자신이 추구하는 가치보다는 남들이 평가하는 기준에 맞춰지기 일쑤다. 사람들은 자신이 원하는 삶을 사는 것보다 사회가 성공이라고 규정하는 모습에 맞추기 위해 애쓴다. 집, 차, 직업,

자녀의 교육까지 모든 것을 남들과 비교하고 평가한다.

SNS 속 남의 모습과 자신을 비교하는 것도 심하다. SNS는 일상을 공유하는 수단이지만, 동시에 남들과 끊임없이 비교하게 만드는 장치로 작용한다. 사람들은 자신의 삶을 아름답게 포장해 SNS에 올리고 다른 사람들의 반응을 기대한다. 좋아요 수나 댓글 수는 자신의 가치와 인기를 확인하는 척도로 여겨진다. 친구, 지인들이 올린 멋진 여행 사진, 고급 식당에서의 식사, 럭셔리한 라이프스타일은 부러움과 질투를 불러일으킨다. 자신은 그렇지 못하다는 생각에 자존감이 떨어지고 우울감을 느끼기도 한다.

모르는 어떤 부자가 돈을 크게 버는 것은 그런가 보다 하지만 가까운 친구나 동료가 주식이나 부동산으로 큰돈을 벌었다고 하면 기분이 나빠지는 것이 사람이다. 예전에는 지인들을 만나 가끔 듣던 이야기들을 SNS를 통해 자주, 그리고 매우 생생히 접하게 되니 매일 남과 나를 비교할 수밖에 없다.

허태균의 『가끔은 제정신』에 의하면 우리나라 사람들은 음식 메뉴를 정하든 학교 동아리를 택하든 자기 의견보다는 주변 사람의 선호에 따라가는 '관계주의적 문화'에 익숙하다고 한다. 나의 생각보다는 남의 생각이 더 우선된다는 것이다. 그러다 보니 남들이 어떻게 살든지 관계없이 자기 나름의 가치관에 따라 사는 사람이 많지 않다. 어려서부터 삶에서 중요한 여러 가치에 대해 배우거나 성찰할 기회를 갖지 못하고 죽어라 시험공부만 하면서 자랐으니 더욱 그렇다.

우리나라에서는 개인이 자신의 양심에 따라, 자신의 성향에 따라 원하는 삶을 살기가 무척 어렵다. 사회의 거의 모든 부분에서 권력과 돈에 따라 사람의 서열이 매겨지고 서열이 낮은 사람은 서열이 높은 사람의 취향과 사고방식을 따라야 안전함을 느끼기 때문이다. 그것도 아니면 나이에 따라 서열을 매기려 한다. 새로운 사람을 만나면 나이나 학벌, 직업 등을 물으며 서로 서열을 확인해야 마음이 편해진다. 나의 전작 『내향인 개인주의자 그리고 회사원』에서는 전체의 기준이나 서열에 따른 묵시적 강요에 반발하던 나의 직장 생활을 다루었는데 관련된 수많은 독자평과 반응을 보니 자신의 가치관과 소신을 지키며 살아가는 삶이 지금도 쉽지 않은 것 같다.

셋째, 계층 상승이 어려워졌다. '금수저'가 아닌 사람이 자신의 노력만으로 지위 상승하기가 점점 더 어려워지고 있다. 학벌주의가 여전히 강력한 힘을 발휘하는 가운데 교육과 사회 각 기관의 인재 충원도 각종 스펙과 문제 풀이 능력을 기준으로 삼다 보니 이를 위해 사교육에 투자할 수 있는 부자들에게 더욱 유리해졌다. 하기야 선발 방식이 어떻든 부자들은 기필코 방법을 찾아내 차이를 만들어낼 것이다. 어떻게 보면 나라의 시스템이 소수의 부자가 계속 돈을 더 많이 벌고 그들의 후손에게 상속하기 좋게 짜여버린 것 같기도 하다.

사람들은 상위 몇 %에 속하는 부자가 되길 선망하면서 비현실적인 고수익을 목표로 위험률이 높은 재테크에 올인하기도 하고 자신들이 못 이룬 꿈을, 자녀를 통해 이루기 위해 소득에 비해 말도 안 되는 돈을 사교육에 지출하기도 한다. 지나친 경쟁만능주의를 따르며 성공과 성취만을 중시하는 사람이 상위권에 들지 못하면 불행하고 우울해질 수밖에 없다.

마지막으로 사회보장제도가 약하다. 선진국에 들어섰다는 우리 사회에 살기 힘들다는 사람이 특별히 많은 데는 사회보장제도가 유럽의 선진국 수준에 비해 아직 부족한 것도 한 원인일 것이다. 은퇴 후 국민연금의 혜택을 받지 못하는 사람이 많고 받는 사람도 그 액수가 너무 적어(2023년 9월 기준 월평균 62만 원 정도다) 생활비로는 턱없이 부족하다. 빈곤층을 위한 지원금도 기본소득이나 안심소득 등 여러 가지 정책대안이 논의되고 있지만 이 역시 겨우 생존할 수 있는 정도다. 게다가 고용보험도 정규직이나 대기업 근로자를 대상으로 의무화되어 있고 중소기업의 경우 고용보험 가입률이 낮다. 비정규직, 프리랜서, 자영업자들은 사각지대에 있어 사회안전망 역할을 하지 못하고 있다. 장애인, 저소득층, 아동 등에 대한 사회복지 서비스가 충분하지 않다는 지적도 나온다.

그래도 모든 국민에게 적용되는 건강보험이 비교적 잘 작동하고 있고 복지 사각지대를 줄이기 위해 노력을 하고 있다. 사실 우리보다 훨씬 행복감이 높다는 나라 중에는 사회보장제도가 훨씬 허술한 나라도 있다. 따라서 사회보장제도가 우리가 불행하다고 생각하는 주요 요인은 아닐 것 같다.

많은 전문가들이 우리 사회를 진단한 결론을 종합해보면, 그 내용은 이렇다. 급격한 산업화를 위해 인적 및 물적 자원을 효율적으로 동원하기 위해 극심한 경쟁 제도가 도입되었다. 이 경쟁을 부추기는 각종 사회제도와 시스템이 효과적으로 작동하여 큰 성공을 이루었으나, 이제는 사회적 피로가 누적되어 더 이상 감당하기 어려운 상황에 이르렀다.

돈, 권력, 명예라는 가치만을 목표로 극심한 경쟁을 벌이게 되면서 전통적인 가치관과 가족공동체는 해체되었다. 전통 가치가 무너진 자리에 건강한 개인주의를 바탕으로 한 시민정신과 시민공동체가 형성된 것도 아니다. 결국, 각 개인은 다양한 가치를 추구하며 살지 못하고, 어려울 때 지지해줄 사람도 없이 격렬한 경쟁 속에 하루하루를 힘겹게 살아가고 있다.

외환위기 이후에는 극단적 능력주의가 도입되어 경쟁에서 이긴 능력자가 큰 보상을 받고 당연히 더 큰 권력을 가져야 한다는 생각이 퍼져나갔다. 극단적 능력주의는 '하후상박下厚上薄'(아랫사람에게 후하고 윗사람에게는 박하다)을 완전히 대체하여, 사회는 더욱 불공평한 구조로 변모했다. 사회적 연대와 공동체 정신이 약화된 상황에서, 사람들은 서로 경쟁하기에 바쁘고, 진정한 의미의 사회적 지지는 찾아보기 힘들게 되었다. 결국 우리 사회는 극심한 경쟁과 그로 인한 사회적 피로, 그리고 극단적 능력주의의 문제를 해결하기 위해 새로운 방향을 모색해야 한다.

성실하고 바르게 사는 삶이
바보같이 보이는 세상

나는 세상은 성실하고 바르게 사는 사람이 바꾼다고 믿는다. 이는 역사와 현실에서 수많은 사례를 통해 증명되었다. 역사적으로 인권운동, 독립운동, 민주화운동에 참여했던 이들의 성실하고 올바른 행동은 사회적 변화를 가져왔다. 평범한 시민들이 자신의 자리에서 성실하게 일하고 법과 도덕을 준수하며 살아갈 때, 그들의 작은 변화들이 모여 주변에 긍정적인 영향을 미친다. 이러한 개인의 노력이 모여 사회의 변화를 이끌어내고, 결국 더 나은 세상을 만들어가는 원동력이 되는 것이다.

물론 한편으론 나 혼자 바르게 살려고 하다가 평생 손해만 보면서 고생하는 건 아닌가 하는 불안이 있을 것이다. 뉴스를 보면 겉으로 양심적으로 바르게 보였던 사람이 뇌물을 받거나 탈세를 일삼고 온 가족을 직원으로 이름만 올려놓고 차량과 법인카드를 개인 용도로 쓰고 있었다는 사례도 비일비재하다. 재산도 많고 자산 소득도 높은 사람이 이를 감추고 지인 회사에 이름만 올려놓고 의료보험료를 턱없이 적게 내는 경우도 흔하다. 그런데 그들은 그것을 삶의 지혜라고 생각한다. 결국 그 보험료를 누군가가 더 부담하게 된다는 사실은 애써 무시하면서 말이다. 이런 일이 만연한 사회에서는 정직하고 바르게 살겠다는 태도는 바보같이 느껴지기도 한다.

권력자들이 편법과 탈법을 저지르는 것은 어제오늘 일이 아니지만 예전에는 수사받고 처벌받는 것을 당연하다 생각했고 그렇게 했다. 그런데 요즘은 너 나 할 것 없이 남에게는 그다지도 엄격하면서 자신과 주변에 대해서는 왜 그렇게 관대한지 모르겠다. 돈과 권력이 있는 자를 위해서라면 아무리 말이 안 되는 범죄에 대해서도 몸을 던져 방어하고 전관비리 사슬을 총동원해서 돈벌이를 하겠다는 법조인이 많아서일까? 그래서 더 돈과 권력을 찾는지 모르겠다. 하도 이런 일들이 횡행하다 보니 남들 다 한다는 편법이 오히려 정상인 것 같아 따라서 편법을 저지르다가 나중에 곤혹스러운 처지가 된 사람도 많이 보았다.

미래가 불안한 사회,
나만 손해 보기 싫어서

세상이 이렇다 보니 요즘 사람들은 손해 보길 싫어한다. 남들도 다 하는데 나만 안 해서 손해 보기 싫다는 것이다. 코로나19로 인한 피해가 심해지면서 정부에서 소비 진작을 위해 전 국민 대상으로 재난지원금을 지급한 적이 있다. 주변에서 많은 사람들이 포퓰리즘 정치로 나라 곳간 다 들어먹는다며 분개했다. 나도 정말 형편이 어려운 사람들을 선별하여 일인당 더 많은 금액을 지원하는 것이 좋지 않나 하는 생각을 했다. 정부에서도 그런 우려를 인식했는지 정부지원금을 기부할 수 있는 방안을 제시했다. 나는 기부를 했고 그렇게 나라 걱정하던 사람들도 당연히 자기 몫의 지원금을 안 받을 줄 알았다. 그런데 막상 지원금 지급을 시작하니 기부에 참여하는 사람이 거의 없었다. 포퓰리즘 정책이라며 열 올리던 사람들도 대부분이 지원금을 받아서 썼다. 정부가 잘못한 건데 내가 손해 볼 필요는 없다는 것이었다.

앞서 얘기했던 수많은 탈법, 편법을 저지르는 사람들이 하는 얘기가 있다.

"다들 그렇게 한다. 다른 사람들 다 그렇게 탈법과 편법을 행하니 나 혼자 규칙대로 하면 독박 쓴다."

열렬히 공의를 앞세우던 사람도 자기 이익이 얽힌 문제가 있으면 남보다 더한 편법, 탈법을 저지르는 경우도 있다.

사람들이 당장 조금도 손해를 보면 안 된다고 생각하는 또 하나의 이유는 아마도 지금 손해를 보더라도 장래에 내 차례가 돌아올 것이라는 믿음이 깨져서일 것이다. 예전에는 회사에서 맡은 일 이상으로 헌신적으로 일하면 언젠가는 보상이 있을 것이라는 막연한 믿음이 있었다. 평생직장 개념이 있었을 때는 실제로 그랬다. 그러나 점차 평생직장이라는 개념은 사라지고 능력주의가 심해지고 명예퇴직은 빨라지면서 즉각적인 보상이 노동의 전제 조건이 되어버린 것 같다(대부분의 사람이 이렇게 손해를 안 보려고 하고 받는 만큼만 일하려고 한다면 헌신적으로 일하면서 실력을 키운 고지식한 사람은 회사의 눈에 띄게 되고 경력상 엄청난 이득을 보게 될 가능성이 커질 수 있다).

모든 사람이 다른 사람도 규칙을 안 지킬 것으로 생각하고 자기도 조금도 손해를 안 보기 위해 편법·탈법을 하는 사회의 미래가 어떨지는 뻔하다. 지금도 지구상의 많은 나라에서 이런 상태가 개선되지 않고 있지만 그럼에도 우리나라는 사회의 많은 부분에서 편법과 부정이 줄어드는 좋은 경험을 해왔다. 대표적인 것이 줄 서기 문화다. 20년 전만 해도 버스 정류장이나 관공서의 민원 창구는 항상 아수라장이었고 새치기가 일상이었다. 시민의식이 높아지면서 나부터 질서를 지키면 내 차례가 온다고 생각하는 사람이 다수가 되었고 이내 줄 서기 문화가 정착됐다. 물론 정류장 구조도 줄 서기 좋도록 개선하고 관공서도 대기 순번표 발급기 같은 인프라를 갖춘 영향도 있지만 대다수 사람이 손해 가능성을 감수하고 줄을 서기로 마음먹은 것이 근본적인 이유다.

특히 직장인들은 세금이 원천징수되니 성실 납세자가 될 수밖에 없기도 하지만 대개 정직하고 성실하게 살아간다. 나도 그렇게 살아왔고 원칙주의자로 살았기 때문에 주변에서 앞뒤로 꽉 막힌 사람이라는 얘기를 자주 들었다. 내가 무슨 대단한 철학이나 용기를 가져서가 아니라 그렇게 안 하면 마음이 불편해서 그렇게 살았을 뿐이다.

여러분도 정직하고 성실히 살아왔다면 자기 기준이 있고 양심이 강하게 작동하는 사람일 것이다. 그래도 가끔은 미래에 대한 걱정이 들어 불안할 수 있다.

자녀에게 있는 돈 없는 돈 써서 사교육 시켜 대학 졸업하게 했더니 취업을 못하고 있다는 이야기, 대기업에 들어가 놓고 얼마 안 가 그만두고 전문대학원에 가고 싶으니 3년을 더 뒷바라지해달라고 했다는 이야기, 자녀가 결혼해서 살 집을 마련해주기 위해 자신의 집을 팔고 작은 집으로 이사했다는 이야기, 은퇴 후에는 경비원이나 택배기사로 재취업해야 노후생계를 유지할 수 있다는 이야기 등 주변 사례를 보면 미래가 불안할 수밖에 없다. 그게 나의 미래 모습인가 싶어 미래를 비관하게 된다. 당연한 걱정이다. 사회가 지금같이 돌아가고 여러분이 세상에 휘둘리며 살면 현재의 삶은 물론 노후의 삶까지도 어려워질 가능성이 크다.

하지만 이런 걱정 속에서도 중요한 것은 우리의 삶의 태도와 방향성이다. 세상이 변하고 경제 상황이 어려워지더라도 정직하고 성실하게 살아가는 것이 무의미하다고 느끼지 말아야 한다. 오히

려 우리가 해야 할 일은 현재의 불안한 상황을 극복하기 위한 방법

을 찾는 것이다.

대한민국의 저출산 문제

2024년 대한민국의 출산율은 세계 최저 수준인 0.68명으로 예상되고 있다. 이대로 가면 2030년 출산율은 0.6명 이하로 떨어질 가능성이 크다. 2023년 출생아수가 약 23만 명이었으니, 2030년에는 약 20만 명 이하로 감소할 것이다. 통계청은 2070년까지 한국 인구가 3,800만 명까지 감소할 것으로 예측하고 있으며, 고령화와 저출산으로 인해 2030년에는 '인구지진$_{age-quake}$'에 직면할 가능성이 높다고 보고 있다.

산업 현장에서는 은퇴를 시작한 베이비붐세대들이 비정규직으로 재취업하고 있기 때문인지 출산율이 경제에 미치는 영향이 아직은 덜 심각한 것 같지만 반드시 젊은 인력이 필요한 병력 자원의 부족 현상은 이미 가시화되어 한때 60만 대군이라고 하던 것이 현재 48만여 명으로 떨어졌고 2030년에는 절반 수준인 24만여 명으로 급감할 것이라고 한다.

대학의 학생 부족 현상도 상당히 진행되어 지방 대학뿐 아니라 서울 소재 대학도 미달 현상이 나타나고 있다. 많은 사람이 이러다 대한민국이라는 국가가 소멸하는 것이 아니냐고 걱정한다. 젊은 인구 비중이 줄어들면 조만간 국민연금이나 건강보험의 재정 문제가 심각해질 것이다. 노년층은 늘어나서 의료 수요나 연금 지급 금액은 커지는데 재원을 제공할 젊은 세대가 줄어들어 2050년대 들면 국민연금이 고갈되고 지금의 젊은 세대는 급여의 상당 부분을 건강보험으로 납부해야 할 것이라는 공포 시나리오가 돌아다닌다.

지금 추세대로라면 정말 그렇게 될 것 같다. 아이들이 적어지고 노년층만 많아지면 사회에 활력도 떨어진다. 노인이 되면 아무래도 젊을 때보다는 지출이 줄어든다. 가난한 노인은 쓸 돈이 없으니 당연히 지출이 적고, 부유해도 젊은 사람들에 비해 병원비나 많이 들 뿐 그 외에는 지출이 적을 수밖에 없다. 결국 국내 소비시장이 위축되니 수출이 유지된다 해도 성장이 정체될 수밖에 없다.

물론 선진국이 되고 도시화가 될수록 출산율이 낮아지는 것은 세계 어디서나 볼 수 있는 현상이다. 하지만 우리나라의 상황이 심각한 것은 출산율의 저하 속도가 너무 빠르고 그 수준도 세계에서 제일 낮기 때문이다. 그것도 두 번째로 낮은 나라와는 비교도 안 될 정도로 격차가 크다.

수도권 집중과 지방 소멸

우리나라의 미래에 어두운 영향을 주는 또 하나의 문제는 인구와 경제의 지나친 수도권 집중과 지방의 소멸이다. 이는 물론 출산율 저하와 관련이 깊지만 그 이유가 다는 아니다. 경제가 발전하면 보통 도시화가 진전된다. 농촌의 남아도는 인력이 도시의 산업화와 연관된 여러 일자리를 찾아 도시로 이동하면서 생기는 자연스러운 현상이다. 우리나라의 문제는 농촌만이 아니라 거의 모든 도시들의 인구마저 줄고 있다는 데 있다. 이유는 많다. 지방 도시들에 서울과 견줄 만한 교육, 의료 인프라가 확보되지 않은 것은 물론이고 좋은 직장이 많지 않다는 것이 가장 큰 이유다. 회사들의 입장에서는 서울이나 적어도 수도권 내 입지가 아니면 직원, 특히 젊은 직원을 구할 수가 없다고 한다. 직원들은 평택 라인이니 수원 라인이니 하며 이보다 남쪽 직장에 다니면 혼처 잡기도 쉽지 않다고 한다. 분명 이건 악순환이다. 이대로 가다가는 인구의 대부분이 수도권에 몰려 살게 되면서 주택, 의료, 교육 문제가 지금보다 더 심각해지고 나머지 지역은 황폐화될 것이라는 암울한 전망이다.

정부나 지방자치단체에서도 꽤 오랫동안 출산장려정책을 실시했지만 뚜렷한 성과를 냈다는 소식을 본 기억이 없다. 육아의 어려움부터 시작하여 사교육비 부담, 경력 단절에 이르기까지 출산을 기피하는 이유는 많다. 출산장려금, 국공립 유치원 확대, 학자금대출 상환 지원, 주택 공급 우선권, 출산 휴가 등 다양한 정책이 시행됐지만 출산율의 반등은 일어나지 않고 있다. 지금까지의 정책을 보완하는 다양한 아이디어들도 나오고 있지만 그런다고 과연 출산율이 다시 올라갈지도 의문이다. 이제는 왜 우리나라 청년들이 결혼과 출산을 꺼려하는지에 대해 근본적으로 다시 생각해볼 때가 된 것 같다.

현재 20~30대는 자신의 인생에서 결혼과 출산을 당연하게 여기지 않는다. 경제적 부담과 직장 생활의 불안정성, 그리고 자기 실현과 자유를 중시하는 가치관이 확산되면서 결혼과 출산은 선택의 문제가 되었다. 혼자 생활할 만큼 벌어 잘살면 되지 굳이 배우자 집안과의 관계를 새로 맺어 삶이 복잡해지는 것이 싫다고 생각한다. 연애는 하더라도 결혼을 할 필요는 못 느끼고 육아를 하고 가정생활을 꾸려나가는 것에 대해서도 무척 부담스러워 한다.

거기다가 어려서부터 치열한 경쟁 속에서 살아오면서 성취와 과시를 통한 잠깐씩의 쾌락은 있었지만 지속적으로 잔잔한 행복을 느끼며 살았던 경험이 별로 없다. 성적 경쟁과 취업 경쟁이 끝나도 회사 생활 속에서 계속되는 경쟁에 지쳐 있는데 세월이 흐른다고 나아질 것 같지 않다. 현실은 너무 힘들고 미래도 불안한 것이다. 기혼 여성의 경우는 집안일과 육아를 남편과 분담한다 해도 주양육자가 되는 경우가 많다 보니 실질적으로 더 많은 부담을 지게 되고 경력 단절의 불안까지 있다. 무엇보다 자녀를 낳아도 이 사회에서 행복하게 살 수 있을지 의문이 든다.

"내 자녀에게 줄 수 있는 최고의 사랑은 안 낳는 것이다."라는 우스갯소리가 있을 정도다. 이러니 정부에서 출산하면 무엇을 얼마나 지원한다고 해봐야 큰 효과가 있기 어렵다. 출산율 저하 추세가 뒤집힐 가능성이 낮다. 인구 수 감소를 막기 위해 이민을 적극적으로 받자는 의견도 있는데, 이민을 통해 경제성장률을 유지하겠다며 핵심 생산 업종의 고강도 작업 환경에 인력을 충원했던 국가들이 사회통합에 실패하여 폭력과 인종갈등 문제를 겪고 있는 것을 보면 이민을 급격히 늘리는 것도 한계가 있다.

나는 "우리나라가 살아남고 계속 번영하려면 출산율을 높여야 하니 이러한 것을 하자."라는 발상부터 바꾸어야 한다고 생각한다. 낮은 출산율 속에서(혹은 출산율이 낮기 때문에) 우리나라가 살아남고 계속 번영할 방법을 찾아야 한다.

그간 산업화와 경제 효율화를 위해 도입했던 극한적 경쟁과 효율에 길들여진 개개인의 삶의 방식을 좀 더 사회통합적이고, 휴식과 다양성, 창의성이 있는 삶의 방식으로 전환해가야 한다. 이 또한 오래전 선진국들이 거친 과정이다. 우리 사회가 이런 전환에 성공하여 많은 청년들이 살기 좋다고 느끼기 시작할 때면 해외의 인재들이 우리나라에서 살기 위해 오기도 하고 자연스럽게 출산율도 높아질 수 있다.

인구와 경제의 수도권 집중을 막고 지방의 발전을 도모하는 일도 마찬가지다. 국가의 균형 발전을 위한다는 목적으로 관공서나 공기업의 지방 이전, 혁신도시 선정 등 여러 가지 정책이 시행됐지만 수도권 집중은 여전히 진행 중이다. 지방으로 직장을 옮기긴했는데 그 지역에 온 가족이 장기적으로 살 만한 인프라는 부족하기 때문에 결국 주말 부부만 생기고 정작 기대했던 지역 경제 활성화에는 효과가 많이 없는 것 같다. 그야말로 닭이 먼저냐 달걀이 먼저냐 하는 문제이기는 하겠지만 지방 도시들에도 서울만큼교육, 의료, 문화 인프라를 확충하고 좋은 직장을 유지해야 한다.그렇게 된다면 청년들이 지방에서 사는 것을 마다하지 않게 될 것이다.

그럼에도 불구하고
대한민국의 미래는
결코 나쁘지 않다

앞으로 우리나라 경제의 잠재성장률이 1% 이하로 떨어질 것이라
는 비관적 전망이 많다. 경제전문가들은 일인당 국민소득도 점차
낮아질 것으로 예측하고 있다. 정말 그런 것일까? 나는 꼭 그렇지
는 않다고 생각한다.

잠재성장률을 계산하는 방법은 여러 가지가 있지만, 일반적
으로 사용되는 방법은 생산함수 접근법Production Function Approach이다.
이 방법은 경제의 생산요소인 노동, 자본, 그리고 총요소생산성TFP
(기술 발전, 효율성 향상, 경영 혁신 등 다양한 요인들이 생산성에 미치는 영향을 포함

한다)을 분석하여 잠재성장률을 추정한다.

그런데 우리나라 경제의 총요소생산성이 선진국에 비해 매우 낮다. 나는 여기에 답이 있다고 생각한다. 인구는 줄더라도 생산성이 지금보다 획기적으로 높아진다면 오히려 일인당 소득을 높이면서 성장할 수 있다. 미국이 소득 수준이 높은 다른 선진국들보다 월등한 성장을 지속하는 데는 이민자를 수용한 것도 큰 의미가 있겠지만, 그에 못지않은 또 다른 이유는 기업들이 끊임없이 혁신을 일으킬 수 있도록 산업 생태계가 작동하며 국가 전체의 생산성을 높이고 있기 때문이다.

대한민국의 총요소생산성 현황을 조금 자세히 알아보자. 총요소생산성에 영향을 미치는 여러 요인을 측정하기 위해 보통 혁신성(생산 비용 절감 및 제품 경쟁력 향상), 인적 자본(새로운 기술 흡수 능력), 규제 환경(경쟁 활성화), 사회적 자본(사회적 연대로 기술, 정보의 확산 속도 증가), 경제 자유도(기업의 자유로운 시장 진입과 퇴출로 자원 배분 효율 제고)와 같은 지표를 사용한다.

한국경제인협회FKI에서 2023년 2월에 배포한 「총요소생산성 현황과 경쟁력 비교」를 바탕으로 주요 선진 5개국들과 총요소생산성을 비교해보면, 미국의 총요소생산성을 1로 할 때 독일 0.927, 프랑스 0.909, 영국 0.787, 일본 0.656로 나타난다. 이 수치의 평균값이 0.856인데 비하여 한국은 0.614에 불과하다. 하지만 절망적이지만은 않다. 이런 숫자들은 다소 자의적 지표를 활용하여 측정했으므로 현실을 100% 반영한다고 하기는 어렵지만 한 가지 분명한 것은 선진국들이 우리나라보다 생산성이 훨씬 높다는 점이다. 다른 나라들이 이미 해낸 일이라면 우리도 못 할 것이 없다. 그리고 이 점은 우리에게 희망이 된다.

'AI·로봇화'에서 가장 앞서가는 나라가 되는 데 답이 있다

그러면 구체적으로 총요소생산성을 올리기 위해서는 어떻게 해야 할까? 국가의 총요소생산성에는 혁신성, 인적 자본, 규제 환경, 사회적 자본, 경제적 자유도 등 수많은 요인이 영향을 미친다고 언급했다. 이런 요인들에 대해 결과 관리만 해서는 절대 안 된다. 예컨대 혁신성 지표를 높이기 위하여 특허 기술 출원을 장려하고 지원하는 정책을 편다고 하면 출원 특허가 많아지고 지표상에는 혁신성이 개선된 것으로 나타날지 모른다. 하지만 특허를 많이 따내면 정부지원금을 받기에 유리하기 때문에 별 의미 없는 특허를 남발할 가능성이 커진다. 수많은 요인이 혁신성에 영향을 미치기 때문에 결과 관리만으로 실질적 변화가 나타나기 어렵다.

이는 인적 자원도 마찬가지다. 새로운 기술을 빠르게 흡수하여 활용할 수 있는 인재들이 많아져야 한다. 대학마다 반도체나 AI 관련 학과를 만들도록 지원금을 지급하고 연간 몇만 명의 인재를 양성하는 식의 접근으로는, 스스로 학습하고 문제를 해결하기보다는 성적 관리만 잘하고 정답을 빨리 찾아내는 것만 연마한 졸업생들을 양산할 수 있다.

획기적인 아이디어는 대등한 개인들이 자유롭게 생각하며 동료들과 편안하게 의견을 나눌 수 있는 문화에서 나올 가능성이 높다. 학계나 연구개발 커뮤니티에 많은 인재들이 들어가 일할 만한 급여 수준과 좋은 환경을 제공하고 이런 문화를 지킬 수 있도록 지원은 하되 간섭하지 않는 것이 중요하다. 혁신성 지표는 사후에 그 결과를 반영하는 지표일 뿐이다.

수많은 생산성 영향 요인 분야 하나하나를 각개격파하려고 한다면 그에 필요한 자원과 노력이 한도 끝도 없다. 그래서 전체 변화를 추동할 수 있는 한두 가지 전략적 테마를 잡아 정부와 사회의 노력을 집중하는 것이 필요하다. 과거 개발 초기 중화학 공업화를 테마로 하여 산업 지원부터 교육, 국방, 외교에 이르기까지 전 분야를 이에 맞추다 보니 사회 전체가 산업화됐던 경험이 있다. 다원화된 현재 상황에서 이렇게 사회를 한 방향으로 이끄는 것은 훨씬 어려울 것이다.

그러나 2000년대 초부터 정부가 '산업화는 늦었지만 인터넷에서는 앞서가자', '콘텐츠 산업을 키워 문화 강국이 되자'라는 기치를 내걸어 일상생활부터 산업, 교육, 문화에 이르기까지 광범위한 변화를 유도하여 오늘날 디지털·콘텐츠 강국 대한민국이 된 것처럼 시대의 흐름을 앞서가는 큰 테마를 잡아 생산성과 관련된 여러 변화를 만들어나가는 것은 지금도 충분히 가능하다고 생각한다. 정책 변화를 위해 어떤 테마를 잡을지에 대해서는 여러 가지 생각을 해볼 수 있지만 나는 'AI·로봇화'가 우리 사회에 가장 잘 맞는다고 생각한다.

여기에서 말하는 로봇은 물리적인 몸체를 가진 피지컬 로봇만이 아니라 AI 비서 같은 소프트웨어 로봇도 포함하는 개념이다. 우리나라가 축복받았다고 생각하는 이유는 우리나라의 급속한 노령화와 출산율이 저하되는 시기가 절묘하게 AI와 로봇 관련 기술이 실제 상용화가 가능할 만큼 고도화되는 시기와 겹치기 때문이다. 노령화와 저출산 문제를 AI와 로봇 기술을 통해 해결할 수 있는 길이 생긴 것이다. 정말 다행히도 우리나라는 AI·로봇화에 최적의 조건을 가지고 있다.

새로운 산업에서 강국이 되려면 인적 자원의 저변이 넓어야 한다. 근년 들어 중국이나 인도와 같은 인구 대국이 결국 전 세계적인 패권을 갖게 될 것이라는 견해가 많다. 이 국가들은 산업화나 IT화에서는 후발 주자였지만 4차산업혁명에서는 선도 국가가 되겠다고 AI나 자율주행, 로봇, 차세대 이동 통신 기술, 바이오 기술 등에 엄청난 노력을 하고 있다. 워낙 인구가 많고 교육열도 높아 관련 기술 인력이 어마어마하다.

콘텐츠 규제 최소화와 AI·로봇 활용 권장 법안 필요

우리나라 역시 'AI·로봇화'의 미래가 긍정적이다. 세계 최고의 IT 인프라를 갖췄으며 높은 교육 수준과 인재 풀을 보유하고 있고, 새로운 기술에 대한 관심과 수용도 또한 매우 높기 때문이다. 우리 사회의 기술 적응력은 멀리 갈 것 없이 지난 2~3년 사이에 급속도로 보급된 키오스크와 식당 내 로봇의 활용을 보면 된다. 몇 년 만에 한국을 다시 찾은 외국인들은 경악할 정도의 적응력이다. 교육

수준 역시 부모의 희생과 교육투자 덕분에 우리나라의 고등교육이

수율(25~64세 인구 중 대학을 졸업한 인구의 비율)은 2022년 기준 52.8%이

며 세계 최고 수준이다.

중국에는 최고 수준의 인재도 많지만 전체 인구 중 고등학교

졸업자 비율을 보면 30%가 안 되며 대학교 졸업자는 약 20% 수준

이다. 인도는 중국보다 교육 양극화가 더 심하다. 엘리트 교육에 중

점을 두다 보니 국민 전체의 교육 수준은 낮다. 젊은 세대여도 중

학교 졸업자 비율은 40%, 고등학교 졸업자 비율은 30% 정도이며,

고등교육이수율은 20% 수준이다.

고등학교 과정을 이수하지 못한다면 AI나 로봇을 개발하는

것은 물론 사용하는 법을 배워 자기 업무의 생산성을 획기적으로

높이거나 생활 속에 활용하는 것은 쉽지 않다. 혹자는 대학 졸업

자들의 절반이 고등학교만 졸업하고도 할 수 있는 일을 하고 있기

때문에 대한민국의 고등교육은 과잉 투자가 심각하다고 한다. 하

지만 덕분에 우리나라 청년들의 대다수는 고등학교, 대학교 과정

을 거치면서 새로운 것을 배우고 활용하는 능력이 상대적으로 매

우 높아졌다. 이처럼 새로운 것을 배우고 활용할 줄 아는 사람의

기반이 두텁다 보니 그들 중 상당수는 원천 기술을 통해 각종 도

구를 만들기도 하고 또 그들 중 일부는 원천 기술을 만들기까지 할 수 있다. 그뿐인가 피지컬 컴퓨팅 AI 로봇(컴퓨터, 전자 회로, 센서, 액추에이터, 그리고 인공지능 기술을 결합하여 물리적 환경과 상호작용하는 로봇으로 호텔의 서비스 로봇이나 산업용 로봇 등이 있다)이나 소프트웨어 AI 로봇을 활용하는 수많은 콘텐츠가 그들에 의해 쏟아져 나올 것이다. 예를 들면 소프트웨어 AI가 누워 있는 환자를 위한 가상 현실 속에서 다양한 체험을 할 수 있도록 돕거나 피지컬 컴퓨팅 로봇을 활용하여 재활 운동을 도와줄 수도 있을 것이다. 이처럼 새로운 기술에 대한 적응력과 활용력이 뛰어난 젊은 인재들로 인해 대한민국은 4차, 5차 산업 혁명을 이끄는 선도 국가가 될 수 있다.

앞으로 AI가 여러 전문 직종의 인력을 대체할 것이라고 한다. 판례를 찾는 일이나 혈액 분석 데이터를 보고 질병 여부를 진단하는 일처럼 방대한 데이터 중에서 필요한 정보를 찾거나 분석하는 일들은 어느 정도 대체될 수도 있을 것이다. 하지만 그렇다고 일자리가 완전히 사라지진 않을 것이다. AI를 활용하며 절약된 시간의 일부를 고도의 판단을 위해 사용할 수 있고 일하는 시간을 줄이면 업무 효율을 높일 수 있으며 결과적으로 사람들은 개인적인 시간을 많이 가지게 되어 삶의 질이 높아지게 될 것이다.

우리나라의 총요소생산성이 낮은 데는 부가가치가 낮은 자영업 비중이 높고, 소프트웨어나 데이터 서비스 등 고부가가치 서비스 비중이 낮은 것도 큰 이유다. AI·로봇화를 선도하면 고부가가치 서비스업을 늘릴 수 있을 것이다. 1990년대 말 컴퓨터와 인터넷이 보급화되면서 일자리가 줄어들 것이라는 우려가 많았지만 새로 생겨난 수많은 일자리가 줄어드는 일자리를 상쇄하고도 남았다. 나는 비슷한 일이 일어날 것이라고 믿는다. 이를 위해 콘텐츠에 대한 규제를 최소화하고 관련 법 제도를 AI와 로봇의 활용을 권장하는 방향으로 정비할 필요가 있다.

기술의 발전과 혁신을 위해서는 교육제도의 변화도 필요하다. 정답 찾기 훈련이 아니라 스스로 학습하고 문제를 해결하는 방향으로 근본적으로 변화시켜야 한다. 또한 학교와 일터에서 보다 자유롭고 다양성을 강조하는 분위기를 만드는 것도 중요하다. 과거에는 '직장에서는 계급순 혹은 나이순으로 똑똑하다'라는 얘기가 있었다. 서열 문화가 심해서 계급이 낮거나 나이가 적은 사람은 좋은 아이디어가 있어도 말을 꺼내기가 어렵고 계급이 높은 사람이 내는 아이디어에는 비판적인 의견을 말하기 어렵다는 얘기다. 지금은 조금 나아졌겠지만 이런 문화 속에서는 기술혁신만이 아니라 어떤 혁신도 일어나기 어렵다. 학교 시스템이 민주시민으로서의 소양과 경험을 제공해야 하는 중요한 이유 중 하나다.

우리나라는 중진국의 함정을 인터넷과 모바일 등을 포함하는 디지털 혁명에서 선두주자가 됨으로써 돌파했다. 이제 선진국의 초입에 들어선 우리는 AI·로봇화에서 가장 앞서가는 나라가 됨으로써 인구는 적지만 일인당 국민소득이 5만~6만 달러를 넘어가는 진짜 부자 나라의 길로 갈 수 있다. 아울러 이는 노령화에 대한 부정적 관념도 바꿀 수 있다. 수명이 길어지면서 자연스럽게 AI와 로봇을 활용하여 노화로 인한 효율 저하를 극복한다면 55세 정년이 75세로 바뀔 수 있다. 그렇게 되면 건강보험이나 국민연금의 수혜자만 늘고 부담자가 줄어들어 발생하는 문제 또한 상당 부분 보완될 것이다.

화이트칼라는 물론이고 블루칼라도 마찬가지다. 예전에 다섯 사람이 하던 화물 분류 작업을 70세 물류 노동자가 두 대의 로봇을 관리하면서 처리하는 세상이 그다지 멀지 않았다. 최근에는 다양한 분야에서 웨어러블 로봇에 관한 연구와 실험이 활발히 이루어지고 있다. 머지않아 건설 현장에서 70대 노동자가 AI로 구동되는 슈트를 입고 작업하는 만화 같은 세상이 올 수도 있다(철갑 수트를 입고 활약하는 아이언맨처럼 말이다). 교육 수준과 사회적 적응 능력이 매우 높은 한국에서는 이런 일이 자연스럽게 일어날 것이다. 이에 더하여 사회 전체로 로봇을 활용하여 얻는 생산성 증대를 급여 상승과 업무 시간 단축으로 연결시킨다면 사람들의 삶의 질이 매우 향상될 것이다.

다시 한번 기로에 선 우리 사회

우리 사회는 저출산 문제 때문에라도 'AI·로봇화'에 앞장서는 것이 불가피하다. 우리는 세계 어느 나라보다도 이를 빠르고 우수하게 해낼 수 있으며 그렇게 되면 생산성이 오르며 국가 경제도 더욱 성장할 것이다. 경제가 성장함에 따라 세계 10대 경제 강국이나 첨단 산업이 가장 앞선 나라 혹은 삶의 편리성이 매우 높은 나라라고 평가되며 주식시장의 시가총액도 더 커질 것이다. 인구수는 정체되거나 줄더라도 나라의 경제 규모가 커지니 당연히 일인당 국민소득도 늘어날 것이다.

선진국이라 하면 어떤 나라여야 할까? 당연히 살기 좋은 나라, 즉 대다수 국민의 소득과 삶의 질이 높은 나라라고 답할 것이다. 삶의 질이 높아지려면 물질적인 소비만이 아니고 개인적으로 자신이 소중히 여기는 것에 충분한 시간과 에너지를 쓸 만큼의 여유가 있고, 남녀평등이 당연시되며, 각종 사회보장제도가 잘 정비되어 있어 양질의 교육, 보건, 주택, 문화에 대한 접근성이 높고, 질병이나 사고, 노후에 대한 걱정 없이 행복한 삶을 누릴 수 있어야 할 것이다. 개개인의 삶의 질이 매우 높은 사회 말이다.

우리나라도 경제 규모가 커지고 일인당 국민소득이 높아지면 자연스럽게 그런 나라들처럼 개개인의 삶의 질이 높은 사회가 될 줄 알았다. 그런데 대한민국의 현실은 어떤가? 지금처럼 돈만이 유일한 가치이고 극심한 경쟁과 승자 독식, 각자도생으로 돌아가는 사회가 계속된다면 경제적 양극화가 더 심화되고 국민 대다수는 경쟁과 상대평가와 비교문화 속에서 더 불행해질 것이다.

물질적인 기반이 너무 없는 사회라면 우리의 삶의 방식 근본에 대해 질문을 던지는 것조차 사치일지도 모른다. 그러나 물질만으로는 더 이상 우리 삶의 질을 높이기 어렵게 된 지금이야말로 우리가 어떤 삶을 살고 어떠한 사회에 살고 싶은지에 대한 근본적 질

문을 던져야 할 시간이라 할 것이다. 다음 장에서는 우리가 원하는

이상적인 사회의 모습을 모색해보겠다.

2장

우리가 원하는
이상적인 사회

각자의 소중한 가치를
지키며 사는 사회

얼마 전 전국공공연구노동조합의 남종석 정책위원이 쓴 「세계가 우려하는 한국 소멸… 출산 장려만으로는 안 된다」라는 글을 읽으면서 많이 공감했다. 그 내용 중 일부를 소개한다.

"1990년대 이후 한국은 주당 평균 노동시간이 꾸준히 감소해왔고, 실질임금도 가장 많이 증가한 국가 가운데 하나였다. 복지 관련 예산도 크게 증가했다. 그러나 행복해지는 방법을 모르는 이들은 아무리 복지가 개선되어도 여전히 행복해지지 않을 것이라는 어느 글이 여전히 기억에 남는다. 일자리가 있고, 가족의 유대가 있고, 이웃의 벗들(커뮤니티)이 있고, 자기를 존중해주는 문화가 있다면 노동자들이라고 해서 불행할 이유가 없다. … 중소기업에 다녀도 부부가 일하면 '그럭저럭' 살 만하다. 2021년 기준 경남의 10인 이상 제조업(대부분 중소기업이다)의 평균 임금은 4,700만 원 정도 된다. 이는 10인 이상 한국 제조업 평균임금과 거의 같다. 부부 모두 상시직 노동자라면 6,000만~8,000만 원 정도의 가구 수입이 생긴다. 이 정도면 한국 4인 가구의 평균 소득(2021년 기준 8,400만 원)에 조금 모자란다. 꼭 좋은 대학 안 가도, 탁월한 사교육 안 받아도 평균에 준하는 삶을 살 수 있다는 의미다. … 내가 살고 있는 양산에서는 임대아파트에 살아도 국립체육센터에서 3,000원이면 수영할 수 있고, 대중교통으로 부산이나 창원까지도 출퇴근할 수 있다. 걸어서 10분 안에 공원이나 강가에 갈 수 있고, 파크골프 치는 데 2,000원밖에 안 든다. 녹지에 대한 접근성은 건강과 삶의 만족도에서 큰 영향을 준다. 3만 원(큰돈이다!)을 갹출하면 토요일 저녁에 친구들과 모여 파티도 할 수 있다. 교회에 가면 가족같이 친한 교우들이 있다. 나는 내 아이들이 양산이나 인근에서 고만고만한 일자리를 얻어도 만족한다. 다만 아이들이 문화적으로 다양한 것을 접하고, 시야는 세계를 볼 수 있기를 기대한다."

서울에 직장을 얻고 회사에서 치열하게 경쟁하여 출세한 뒤에는 영혼까지 끌어모은 대출로 강남에 아파트를 장만하고 아이들 사교육비에 몇백만 원씩 들이며 허덕이는 삶이 과연 행복한가?

사람들은 국내외를 여행하는 소위 '힐링 예능'이라고 불리는 프로그램을 보며 마음속으로 자연경관이 멋진 곳에서 사는 것을 동경하면서도, 현실에서는 강남 초고층 아파트의 삶을 갈구한다. 물론 재산이 많고 소득이 높은 사람이 편리성이 많은 지역에 좋은 집을 갖고 사는 것은 자연스러운 일이다. 그런데 수많은 사람이 자신이 누릴 수 있는 소중한 것을 더 잘 누리는 것보다 가능성이 적은 것을 부러워하고 그로 인해 상실감을 크게 느끼며 사는 것은 안타까운 일이다.

세상은 행복하기 위한 온갖 종류의 기준을 우리에게 강요한다. 행복해지려면 건강해야 하고 멋진 배우자가 있어야 하고 친구가 많아야 한다고 말한다. 가족을 지키려면 수십억 원이 있어야 한다고 주장하는 사람도 있다. 하나하나 들어보면 틀린 말은 아닌데 이런 게 다 충족되지 않다 보니 '그래서 내가 행복하지 않은가 보다…' 하는 생각을 하게 만든다. 요즘 사람들은 무엇을 먹어봐야 하고 어디를 여행 가봐야 한다는 말을 많이 하는데 이런 것들도 일종의 사회가 강요하는 기준이라고 할 수 있겠다. 모두 돈이 많이 드는 일들이다. 사실 우리가 온라인을 통해 접하는 사진이나 영상의 십중팔구는 우리에게 별로 중요하지 않은 것들인데 매력적인 요소를 넣어 조회수를 늘리고 결국 돈을 쓰게 만든다. 그래서 이런 흐름에 휩쓸리다 보면 나도 모르게 돈이 더 있으면, 돈만 있으면 행복해진다는 생각을 하게 된다.

SNS는 다른 사람들의 삶을 매우 이상적으로 보여준다. 친구나 유명 인사가 멋진 장소에서 멋진 음식을 먹고 멋진 옷을 입고 있는 모습은 그들의 삶이 항상 완벽하고 행복하다는 환상을 준다. 이를 보는 사람들은 자연스럽게 부러움을 느끼고 그들과 똑같은 경험을 하고 싶어하는데 이로 인해 자신도 그들과 같은 물건을 사고 같은 음식을 먹으면 비슷한 행복감을 느낄 수 있을 것이라는 착각에 빠진다.

또한 남의 기준을 따른다는 것은 사회적 인정 욕구가 강하다는 것인데 사람들이 자신이 사는 것과 먹는 것을 SNS에 올리는 이유 중 하나도 거기에 있다. 남이 사는 것을 사고 남이 먹는 것을 따라하는 것도 자신도 그와 같은 사회적 인정을 받고 싶고, 타인에게 인정받고 싶다는 욕구가 크다는 뜻이다.

각자가 자기가 누릴 수 있는 것들을 소중히 여기고 이를 실제로 누리는 사람이 많았으면 좋겠다. 쓸데없이 남에게 보여지는 것을 의식하면서 정말 소중한 것을 놓치는 사람이 없으면 좋겠다. 많은 사람이 자기 나름의 삶을 누리며 행복해진다면 사회 전체로도 모두가 돈만을 추구하는 현상이 조금은 약화될 것이다.

바로 이 지점에서 또 한 가지 생각해볼 것이 있다. 사회가 사람들을 돈을 목적으로 살도록 만들면서도 정작 적절한 보수와 여가를 보장하지 않는 직업이 많다는 것이다. 이런 상황이 계속된다면 국민의 삶의 질은 더 떨어질 수밖에 없다. 그렇다면 적절한 보수와 여가가 보장되는 사회가 되기 위해 무엇이 필요할지 이야기하고자 한다.

적절한 보수와 여가를 보장하는
직업이 많이 있는 사회

통계상 한국의 급여 수준은 세계적 기준으로 보았을 때 낮지 않다. 2022년 대한민국의 평균 임금은 구매력 평가 기준 4만 8,000 달러로 OECD 국가 중 중간에 근접해 있다(통계에 의하면 OECD 국가들의 2022년 평균 임금은 약 5만 3,000달러다). 몇 년 전부터는 우리나라의 평균 임금이 일본을 넘어섰다.

그런데 급여 수준과 관련한 한 가지 문제는 다른 선진국에 비해 대기업과 중소기업 간 격차, 남녀 간 격차가 크다는 것이다. 우리나라 중소기업 연봉은 대기업의 절반 수준이다. 여성은 동일한 업무를 하더라도 남성보다 31.2%나 적은 연봉을 받는다고 한다. 산업별·성별 임금격차를 줄이는 것이 앞으로의 과제다. 학력에 따른 임금격차도 문제다. 대졸 신입사원과 고졸 5년차 사원의 연봉을 비교해보면 대졸 신입사원의 연봉이 38.2% 정도 높다. OECD 국가의 대졸자와 고졸자의 임금격차 평균이 43.8%이니 격차가 적은 편이지만 그럼에도 그 차이가 상당하다. 이러한 대한민국의 기업별·성별·학력별 임금격차를 해소할 방안이 필요하다.

사실 오늘날 한국 사회에서 더 크게 부각되는 고용 관련 문제는 원하는 일자리와 채용하고 싶은 인재와의 균형이 잘 맞지 않다는 것이다. 주변에서 대학을 졸업하면 최소한 한두 해 취업 준비를 해야 원하는 직장에 들어갈 수 있다는 얘기를 자주 듣는다. 심하면 몇 년 동안 취업 준비를 한다는 사람도 제법 된다. 보수를 포함한 여러 가지 조건이 열악한 중소기업에 들어가느니 차라리 편의점 알바를 하면서 공무원 시험이나 대기업 취업을 준비하는 사람이 많다고 한다. 다른 한편에서는 중소기업 특히 지방의 중소기업에서 젊은 직원들을 구하지 못해 어려움을 겪고 있다고 한다.

나의 친구는 대전의 대덕 연구단지에서 규모는 작지만 알찬 기술 기업을 창업하여 10년 이상 성공적으로 운영하고 있다. 그의 말에 따르면 젊은 연구원을 구하기도 힘들지만 간신히 구한 다음 대기업 수준으로 연봉을 맞춰주고 공들여 육성했는데 2~3년 후 서울 소재 대기업으로 떠나는 일이 가장 힘들다고 한다. 비단 지방에 있는 중소기업에만 해당되는 일이 아니라 서울을 포함한 수도권 소재 중소기업에도 해당되는 일일 것이다.

2019년 일본의 취업률은 78%에 달했고 청년 취업률도 높다고 하여 관심을 갖고 살펴본 적이 있다. 요즘은 나아졌다고 하지만 경제성장률이 1%도 안 되는 경제 상황에서도 대학 졸업예정자는 몇 개씩 되는 기업의 취업 제안을 받고 그중에 고른다고 한다. 고등학교 졸업자도 직장을 쉽게 구할 수 있다는 얘기를 듣곤 했다. 혹자는 일본의 베이비붐 세대의 대량 은퇴가 우리나라보다 먼저 일어나다 보니 그 자리를 채우느라 기업들이 신규 채용을 늘려서 그렇다고 하기도 하고, 일본 청년들은 우리와는 달리 너무 대기업에 연연하지 않으며 중소기업에 취업하는 것을 마다하지 않기 때문이라고도 한다. 우리나라보다 대기업과 중소기업 간의 임금격차가 적은 것은 사실인 것 같다. 일본 중소기업의 임금은 대기업의 70~80% 수준이라고 하니 말이다.

현재 대한민국 노동시장의 문제점

나는 우리나라에서도 점차 다양한 중소기업에 일단 취업하여 경험과 지식을 쌓고 이를 기반으로 원하는 직장으로 이직하는 것이 훨씬 보편화될 것이라 생각한다. 무엇보다 대기업들이 '좋은 대학교에서 공부 잘하는 학생'들을 신입사원으로 공개 채용하던 관행에서 벗어나 수시 경력 사원 채용 제도를 시행하고 있다. 대기업조차 신입사원을 뽑아 훈련시키면 3년 내에 30~40%가 그만둔다고 하니 이제는 출신 학교가 문제가 아니라 필요한 분야 경력자를 실제 경험과 인성을 감안해 뽑는 쪽으로 자연히 변화하고 있는 것이다.

중소기업이나 중견기업에 입사해 일을 배우고 경험을 쌓아 대기업으로 전직하는 것이 나쁘지 않은 시대가 됐다. 특히 틀에 얽매이기를 싫어하고 젊은 나이에 넓은 범위의 책임을 지고 주도적으로 일을 하고 싶은 사람은 벤처기업에서 직장 생활을 시작하는 것도 좋다. 중소기업도 이런 추세에 맞추어 매력 있는 직장이 되도록 노력하고 중간 이직자들이 많아질 것을 전제로 하여 업무를 체계화하는 데 신경을 써야 할 것이다. 사실 중소기업이나 벤처기업 경험자가 나중에 회사를 그만두게 되어도 재취업이나 자영업에 성공할 가능성이 더 크다. 대기업은 보통 잘 짜인 전체 시스템의 작은 부분만 맡아 일하기 마련이다. 게다가 높은 직위에 오르면 사람들을 관리하는 일이 주가 되다 보니 그나마 해당 분야에 대해 가지고 있던 실무 역량도 사라지기 쉽다. 그래서 중년 이후 작은 기업에 재취업을 하게 되면 여러 가지 일에 직접 부딪혀봐야 하는데 이를 감당하기 어려워 밀려나는 경우가 많다. 자영업은 더 어렵다. 자리를 잡아 직원들을 고용할 때까지는 하나부터 열까지 본인이 해야 한다. 오히려 경력 초기에 중소기업이나 벤처기업에서 온갖 일을 해본 사람이 한결 적응하기가 쉬운 이유다.

또한 대한민국의 노동시장에서는 비정규직 비중도 높은 편이다. 대한민국의 비정규직 노동자들에게 적용되는 최저임금은 2022년 기준 시간당 8달러 수준으로 OECD 국가들의 평균 수준이다. 내가 LG의 미국 현지 법인 책임자로 일하면서 우리나라와 다르다고 느낀 것 중의 하나는 같은 일을 할 경우 비정규직 또는 프리랜서(컨설턴트라고 부르는 경우가 많다)의 시간당 보수가 정규직보다 높다는 것이었다. 그런데 생각해보면 이것도 나름 말이 된다. 직원의 입장에서 보면 정규직은 안정적이고 예측 가능한 소득 흐름이 있지만 비정규직은 그렇지 않으니 오히려 일하는 기간 중 보수가 높아야 한다는 것이다. 회사의 입장에서도 필요할 때만 고용하는 인력이니 고용하는 기간 동안은 조금 더 보수를 지급해도 괜찮을 것이다. 사회적인 공감대 형성이 필요하겠지만 사회적 안정성을 높이는 데 충분한 도움이 될 수 있는 변화라고 생각한다.

대한민국은 근로시간이 무척 긴 편이다. OECD 국가 중 근로시간이 가장 긴 국가가 대한민국이다. 대부분의 노동자가 초과근무를 한다. 한국 사람들이 특별히 일을 좋아해서라기보다는 임금체계가 기본급은 적고 각종 수당, 특히 초과근무 수당의 비중이 크게 설계되어 있기 때문인 것 같다. 이를 기본급 비중을 높이는 방향으로 변경하는 한편 법정 최대 근로시간도 IT 업종처럼 출시를 앞두고 집중적인 작업이 필요한 업종에 대해서는 좀 더 유연하게 운영한다면 직장과 업무에 대한 만족도가 높아지며 자연스레 개인의 삶의 질 향상과도 연관될 수 있을 것이다.

마지막으로 자영업 관련 문제다. 2023년 기준으로 대한민국의 자영업 비율은 전체 고용 인구의 약 23.45%다. 13%인 영국, 6.3%인 미국보다 훨씬 높다. 비교적 자영업 비중이 높은 일본도 10.4% 정도다. 자영업 비율이 높다 보니 자영업자 간의 경쟁이 너무 심하다. 어떤 업종이든 잘된다 싶으면 부근에 비슷한 점포가 우후죽순으로 생겨서 생존을 위한 경쟁이 치열하다. 경쟁 덕분에 가격도 안정되는 효과가 있으니 소비자 입장에서는 나쁠 것이 없지만 소상공인들은 너무 힘들다. 그나마 남들이 흉내 내기 힘든 자신만의 독특한 노하우가 있으면 다행이지만 그런 것 없이 프랜차이즈 본사만 믿고 덜컥 투자했다가 돈을 다 날리는 사례도 많다.

한국은 왜 이렇게 자영업 비중이 높을까? 일부 학자들은 이처럼 자영업 비중이 극적으로 높아진 계기를 IMF 당시 집단으로 해고된 중년층이 재취업이 힘들자 자영업으로 몰린 데서 찾는다. 현재도 기업에서 일하던 화이트칼라 중년층이 퇴직 후에 예전과 비슷한 업종에 재취업하기가 쉽지 않다. 어렵사리 재취업에 성공해도 대부분은 전에 일하던 회사보다 작은 규모의 회사인 경우가 많다. 그렇다면 더 눈치가 보일 수도 있고 회사 규모가 작아 어느 한 분야의 업무를 전문적으로 하기보다는 전체적인 업무를 커버해야 할 수도 있다. 게다가 체계적인 시스템은 기대하기 어렵고 기존 직원들의 텃세까지 심하다면 얼마 못 가 그만두게 되는 것이다. 그리고 나면 주변에서 자영업 시작했다가 망하는 사람이 많은 것을 보면서도 자영업 창업을 고민하게 된다. 그리고 실제로 많은 사람이 자영업을 시작하지만 대부분이 얼마 버티지 못하고 망한다.

나는 근본적으로 우리나라 기업들이 중년 재취업 희망자들에 대해 더 많이 열려 있어야 이 문제가 풀린다고 생각한다.

중년 구직자에 대한 부정적인 편견을 해소하는 것도 중요하다. 경험과 전문성을 갖추고 있는 중년 구직자는 기업에 큰 자산이 될 수 있다. 다양한 산업과 직무에서 오랜 기간 동안 일해왔기 때문에 풍부한 경험을 가지고 있을 뿐 아니라 높은 책임감과 안정성을 가지고 있다. 또한 오랜 경력을 통해 리더십과 멘토링 능력을 키워왔으므로 이들은 젊은 직원들에게 지침을 제공하고 팀 내 협업을 촉진하는 데 중요한 역할을 할 수 있다. 오랜 경력을 통해 구축한 강력한 인맥과 네트워크 또한 강점이다. 이러한 네트워크는 비즈니스 기회를 확대하고, 새로운 고객이나 파트너를 확보하는 데 도움이 될 수 있다. 무엇보다 중년 구직자들은 경력의 후반부에 있어 단기적인 성과보다는 장기적인 관점을 중시하므로 이는 기업의 지속 가능한 성장과 안정성에 기여할 수 있다.

586세대의 은퇴와 출산율 저하로 인해 기업들은 좋든 싫든 중년의 경력자에게 취업 문을 더 넓힐 수밖에 없을 것이다. 이미 자영업을 하고 있는 사람들도 향후에는 젊은 사람을 고용하기 더욱 어려워질 것이다. 최저임금도 오르겠지만 아르바이트생을 구하기 위해 실제로 지급해야 하는 급여는 더 빨리 오를 가능성이 크다. 그래서 생산성이 낮더라도 중노년층을 더 많이 활용하는 방법을 강구해야 할 것이고 각종 로봇과 자동화 기계를 활용할 수 있도록 정부가 지원책을 마련해야 할 것이다.

양질의 양육, 교육, 의료,
주택에 대한 접근이 용이한 사회

오래전에 망해서 다른 기업에게 매각된 회사의 노동자들이 오랜 투쟁 끝에 복직에 성공했다는 기사를 최근에 본 적이 있다. 무엇 때문에 그들은 그 오랜 세월 동안 다른 직장을 다니지 않고 다 망한 회사에 복직하겠다고 저 고생을 할까 하는 의문이 들어서 곰곰이 생각을 해보았다. 그들에게 그 회사는 단순한 직장이 아니라 삶의 중요한 일부분이었을 것이다. 그들이 회사에 다니던 시절에는 많은 노동자들이 회사에서의 오랜 기간 근무하며 동료들과 가족 같은 유대감을 형성하고, 그곳에서 자신의 가치와 정체성을 찾았다. 이러한 심리적 유대감은 다른 직장에서 쉽게 찾을 수 없는 소중한 것이니 해고된 이후에도 그들은 이전의 일터로 돌아가고자 했을 것이다.

또한 경제적 안정과 권리를 되찾기 위한 실질적인 이유도 있겠다. 해고 노동자들은 부당한 해고에 대해 항의하고, 법적 권리를 회복하고 자신들의 생계를 유지하기 위해 싸웠다. 부당 해고를 증명하고 복직을 하게 되면 해고 과정에서 받지 못한 임금이나 퇴직금 등의 지급 명령을 할 수도 있기에 여러 이유로 그 오랜 세월 동안 복직을 요구했을 것이다.

요즘 직장인들에게는 애사심이나 동료와의 심리적 유대감이 별로 없다고 해도 여전히 직장인 개인의 삶을 지탱하는 거의 모든 것이 직장에 연결되어 있다. 월급은 물론이고 건강보험이나 국민연금도 그렇다. 직장을 그만두면 당장 신용대출도 받기 어렵고 마이너스 통장도 갱신이 안 된다. 일정 기간 실업급여를 수령하고 나면 삶에 관련된 모든 것이 중단된다. 거기에다 앞서 얘기한 것처럼 우리 기업들은 중년 재취업자를 별로 좋아하지 않는다. 하물며 노동조합이 강했던 회사에서 근무했다면 그 사람이 노동조합운동에 참여했든 안 했든 무조건 질색을 한다. 그러니 다른 회사에 취직하는 것이 불가능하지는 않겠지만 실질적으로 무척 힘들다.

게다가 더 큰 문제는 기존 선진국들과 비교하여 우리나라에서는 교육과 주택, 의료(특히 중증질환이나 장애에 대한 진료와 간병), 노후 연금에 대한 양질의 공공 인프라가 부족하여 개인들이 사적으로 지출해야 된다는 것이다. 이 점에서 우리 사회는 미국과 비슷하다. 미국은 선진국 중 소득양극화도 심한 데다가 사적 인프라에 대한 의존도가 높다 보니 체감하는 양극화의 수준이 정말 크다. 미국 가정집에 가면 화장실 거울 뒤 수납장에 온갖 약들이 보관되어 있다. 우리 같으면 병원에 갈 일을 진통제나 먹으면서 버티는 사람이 많다. 그만큼 병원 문턱이 높고 병원비가 비싸서 웬만한 중산층도 이렇게 약으로 버틴다고 한다. 미국을 제외한 대부분의 선진국에서는 이런 공공 인프라를 유지하기 위한 담세율이 높다 보니 월급을 받아도 집세 내고 세금 내고 나면 쓸 돈이 빠듯하다고 한다. 대신 노후에 대한 걱정이나 사교육이나 간병인 비용, 비싼 집값 걱정 없이 평범한 삶을 즐기며 살아간다. 어느 것이 꼭 낫다고 할 수는 없다.

미국 모델은 혁신에 강하여 지속적인 성장을 하지만 쉬운 해고가 가능한 노동 관행과 낮은 담세율로 인한 조세의 소득 재분배

효과가 적어 저소득층의 생활이 너무 힘들다. 심각한 양극화가 진행되는 데다 공공 인프라도 상대적으로 취약하여 개인의 삶이 항상 숨 가쁘고 불안하다. 유럽이나 일본은 양질의 공공 인프라를 갖추어 개인들이 안정적인 삶을 누릴 수 있지만 높은 담세율과 경직된 노동 관행으로 기업이 혁신하기 어렵고 따라서 성장이 정체되어 있다. 미국 모델은 너무 양극화가 심해서 우리가 감당하긴 힘들고 유럽이나 일본 모델로 가는 것도 성장이 정체되면 곤란하다 보니 아마도 우리나라는 그 중간의 어딘가를 향할 수밖에 없을 듯하다. 지금까지는 공공복지 인프라를 강화하면서 조세부담을 조금 더 높이는 방향으로 어느 정도 사회적 타협이 이루어지고 있는 것 같다(2021년 대한민국의 조세부담률은 22.1%로 10년 전 10%대 초반에서 가파르게 상승했다. OECD 국가의 평균 조세부담률은 25%다).

이제 교육, 의료, 주택에 관한 우리나라의 현재 상황과 필요한 과제를 하나하나 다루겠다.

양질의 교육, 의료, 주택 제공을 위한 최소한의 방안

우선 양질의 교육이 무엇인지 먼저 생각해보아야 한다. 나는 다음 세대에게 제일 중요한 것은 민주시민으로서의 소양과 스스로 배우고 생각하는 능력이라고 생각한다. 지금까지는 산업화의 필요에 의해 치열한 성적 경쟁을 해서 이긴 사람이 돈도 많이 벌고 남의 위에서 권력을 부리는 것이 당연하다는 것을 내면화시키는 교육을 받아왔다. 공부를 잘하는 사람이 일도 잘하리라는 것을 전제로 한 시스템이다. 산업화 시기 선진국의 기술과 업무 방식을 배우며 급속히 성장할 때는 잘 맞아떨어지는 방식이었다. 그런데 현재 우리나라의 경제적·사회적 단계로 볼 때 지금까지의 교육 시스템은 효과가 떨어지고 부작용이 훨씬 커졌으니 그 방식은 이제 그만두어야 한다.

공부를 잘하고 성적 경쟁에서 이겨서 판검사나 의사가 된 청년들이 과연 이 시대를 이끌어 갈 사회 지도층의 마음가짐과 소양을 가졌을까? 정해진 문제 잘 풀고 암기 실력 좋아 성적이 좋았던 사람들이 세계적 경쟁력을 가진 혁신적 기업을 일구고 이끌 수 있을까?

이제는 각자가 개성에 따라 자신에게 소중한 것을 추구하면서도 사회의 대등한 구성원으로서 서로를 존중하고 협력하여 새로운 지식을 만들어내고 함께 잘사는 법을 배워야 한다. 더구나 앞서 말한 것처럼 개선이 아닌 혁신은 자유롭고 민주적인 분위기, 새로운 것에 대한 실험 정신이 왕성한 토양에서 나타난다. 수동적으로 지식을 쌓고 미리 정해진 문제에 대해 풀이하는 패턴에 숙달하여 빨리 정답을 구하는 것을 훈련시키는 것은 AI가 급속히 발전하고 있는 이 시대에 더 이상 큰 효용이 없다. 이제는 스스로 문제를 발견하고 스스로 자기만의 해답을 찾는 능력을 길러야 한다. 물론 이런 능력을 갖춘 사람이 AI를 잘 활용하기까지 하면 성과를 극대화할 수 있을 것이다. 현재 극히 일부 교육기관에서 제한적으로 이런 시도를 하고 있지만 대다수의 교육기관은 이를 전혀 생각조차 하지 않고 지금까지 해왔던 것처럼 오직 성적을 올려 학교 서열을 높이는 데만 매몰되어 있다.

양질의 의료 시스템에 대한 접근성은 현대 사회에서 매우 중요하다. 대한민국의 의료 시스템은 국민 모두가 건강보험의 혜택을 받는다는 점에서 선진적이다. 이는 많은 국가들이 부러워하는 체계다. 그러나 현실적으로는 일반적인 질환 외의 질병에 대해서는 보험의 보장이 미흡한 경우가 많아 환자들에게 큰 경제적 부담을 안겨준다. 또한 소아청소년과, 산부인과, 외과, 신경외과 등 필수 의료 분야에서는 의사와 응급실 수용 능력의 부족 현상이 나타나기 시작하여 의료 접근성에 문제가 발생하고 있다.

이러한 문제를 해결하기 위해서는 의료보험 수가 체계의 조정과 의대 정원의 조정이 필요하다. 이를 통해 현재의 장점을 유지하면서도 의료 시스템을 더 발전시킬 수 있는 방안을 모색해야 한다. 건강보험의 혜택을 더욱 확대하고 필수 의료 분야에 대한 지원을 강화한다면, 환자들의 경제적 부담은 줄이고 의료 서비스의 질은 높일 수 있을 것이다. 정부와 의료계는 협력하여 이러한 개선책을 마련하고, 이를 통해 모든 국민이 양질의 의료 서비스를 공평하게 누릴 수 있는 사회를 만들어나가야 한다.

양질의 주택에 대한 접근성도 중요한 문제다. 주택 문제, 특히 우리나라 국민의 대규모 아파트 단지에 대한 선호는 항상 수수께끼였다. 지난 몇 년간 서울 강남을 선두로 전국 아파트 시세가 급등해 많은 사람들이 좌절했고, '영끌'로 갭 투자해서 큰돈을 번 사람들, 주식시장에서 상투를 잡고 망한 사람들로 온 사회가 시끄러웠다. 전문가들은 이제 주택 가격이 정상 수준으로 돌아간 뒤에는 일본의 버블 경제 이후처럼 주택이 투자 대상이 아닌 거주 공간으로 바뀔 것이라고 예측한다. 그렇게 되면 사회적 안정에 큰 도움이 될 것이다. 그러니 지금 이 시점부터 아파트가 재무적 투자 대상이 아닌 단순한 거주 공간이 되도록 제도를 정비해야 한다. 전세에 대한 국가 차원의 보증을 점진적으로 폐지해 사적 금융을 활용한 투기를 원천적으로 봉쇄하고, 고정금리 장기 주택융자를 가능하게 하기 위한 제도적 보완과 함께 원리금 상환 비율을 엄격하게 관리하는 등 시장을 장기적으로 안정시키는 방향으로 정부 정책을 운영해야 한다.

간략하게 교육, 의료, 주택에 대한 현상과 과제를 다루었다. 서울이나 수도권에서는 돈을 쓸 능력과 의지가 있으면 양질의 교육, 의료, 문화에 접근이 가능하지만 지방에서는 불가능한 경우가 많다. 교육과 의료 서비스의 격차를 줄이기 위해서는 정부와 지방자치단체의 협력이 필수적이다. 원격 교육 시스템과 원격 의료 서비스의 도입을 통해 지방에서도 양질의 교육과 의료 서비스를 받을 수 있도록 해야 한다. 인터넷 인프라를 개선하고, 온라인 플랫폼을 통해 도시와 지방 간의 교육 및 의료 자원의 공유를 확대하는 것도 중요하다. 이를 통해 지방 주민들의 삶의 질을 향상시키고, 지방의 인구 유입을 촉진할 수 있을 것이다.

농촌은 물론이고 지방 도시들은 청년들을 불러들이기에는 인프라가 상대적으로 너무 열악하다. 지금까지 여러 정권에서 지방 인프라 업그레이드를 위한 정책을 펴왔지만 아주 성공적이지는 못했다. 그래도 지방 도시 활성화를 위한 정책들을 지속적으로 시행해야 한다. 그래야 서울도 살고 지방도 산다.

모두가 동등한 인격체로서
존중받는 사회

우리 사회에는 권력관계나 서열에 의한 인권 침해, 소위 갑질이 많이 발생하고 있다. 다양한 갑질 사례가 알려지면서 공분을 사고 있지만, 여전히 어느 곳에서는 갑질이 계속되고 있는 것이 현실이다. 갑질을 하는 사람들을 보면 고객이기 때문에, 고객 회사의 구매 담당 직원이기 때문에, 고용주이기 때문에, 상사이기 때문에, 선배이기 때문에, 인허가나 승인권을 가지고 있기 때문에, 심지어는 나이가 더 많기 때문에 등 권력을 지닌 위치에서 우월감을 과시하려는 경향이 있는 것 같다. 문제는 정도의 차이만 있을 뿐, 갑질이 우리 사회 곳곳에 만연해 있다는 것이다. 언론에 보도된 갑질 사연을 듣고 피해자의 입장에서 공감하고 분노하는 사람들도 막상 자신이 권력을 쥐거나 높은 자리에 오르게 되면 상대방에게 인격을 무시하는 발언을 하는 경우가 적지 않은 것 같다.

사회생활을 하다 보면 나이, 직업, 출신 학교, 소득, 재산 등을 기준으로 사람을 서열화하고 그에 따라 대우를 달리하는 사람들이 많다. 예전에 회사 생활할 때 언론사 관계자들과 식사를 할 일이 있었다. 그중 한 중진 언론인이 최근에 통증이 와서 병원 응급실에 실려 간 적이 있다고 했다. 그는 신분을 밝히지 않고 병원장에게 연락도 하지 않은 채 순서대로 기다려서 치료를 받았는데, 오래 걸리더라고 이야기했다. 그러자 사람들이 그런 상황에서 어떻게 신분을 밝히지 않고 오래 기다렸냐며 감탄하고 칭찬하는 것을 들으며 속으로 황당했던 기억이 난다. 물론 그 행위 자체는 잘한 일이지만, 그게 자랑거리가 되고 칭찬거리가 될 만큼 우리 사회가 신분, 서열, 인맥을 중시하는 사회라는 것이 문제라고 생각한다. 누군가가 특권을 이용해 이득을 볼 때마다 다른 사람들이 손해를 보기 때문이다.

이제는 많이 사라졌지만, 사회생활을 하다 보면 나이가 많다거나 학교를 몇 년 일찍 다녔다고 다른 사람에게 반말하고 함부로 대하는 경우가 있다. 반대로 별로 관계가 없는 사이에서 나이 먹은 사람을 '어르신'이나 '아버님' 같은 극존칭으로 불러 당혹스러울 때도 있다. 개인적으로는 상대가 나보다 나이가 많든 적든 똑같이 이름이나 직함 뒤에 '님'을 붙여 부르며 동등하게 예의를 갖추어 대하는 것이 낫다고 생각한다. 그저 모두를 나와 똑같은 시민으로 대하고, 내가 존중받고 싶은 만큼 남을 존중하는 것이다. 우리 사회에서 더 이상 나이가 서열이 되고 그것이 특권이나 낮춰 보는 이유가 되지 않기를 바란다.

모든 사회 구성원이 사회적으로 맡은 역할이 다를 뿐 서로를 동등하게 대하는 사회가 되기를 바라는 것은 나 같은 개인주의자만의 바람일까? 최근 들어 더 많은 사람들이 직장에서나 일상에서 수평적인 관계를 원하고 있다. 서로를 존중하고 평등하게 대하는 것이야말로 건강한 사회를 만드는 첫걸음이다. 이러한 문화가 자리 잡을 때, 우리는 더 나은 공동체를 만들어갈 수 있을 것이다.

능력주의를 넘어서는
공정한 사회

우리 사회는 공정한 경쟁에 목말라한다. 유명 대학에 입학하거나 좋은 직장에 들어가는 과정에서 조금이라도 부정한 방법이 사용되었다는 징후가 있으면 커다란 사회적 이슈가 된다. 이는 재산과 권력을 가진 사람들이 서로 편의를 주고받는 경우가 많기 때문에 발생하는 현상이다.

예를 들어 대학 입시에서 부모의 지위를 이용해 부정한 방법으로 자녀를 입학시키는 사건이나 채용 과정에서 인맥을 동원해 특혜를 받는 사례들이 사회적 공분을 일으킨다. 이러한 일들이 반복되면서 대다수의 성실하게 노력하는 사람들은 자신의 노력과 실력이 제대로 평가받지 못할 것이라는 불신을 가지게 된다.

공정한 경쟁은 사회적 신뢰를 바탕으로 한다. 사회 구성원들이 공평한 기회를 보장받고, 자신의 노력과 능력에 따라 정당한 평가를 받을 수 있는 시스템이 구축되어야 한다. 이를 위해서는 투명한 절차와 엄격한 기준이 필요하다. 모든 사람에게 동일한 기준이 적용되고, 부정한 방법이 통용되지 않는 사회를 만들어가는 것이 중요하다.

이러한 공정성이 확보될 때, 사회 구성원들은 자신이 속한 공동체에 대한 신뢰를 가질 수 있으며 더 나은 미래를 위해 노력할 동기를 부여받는다. 공정한 경쟁이야말로 건강하고 발전적인 사회를 만드는 필수 요소임을 잊지 말아야 한다.

『존 롤스 정의론』과 『정의란 무엇인가』를 참고해 개인에 대한 공정한 대우를 논하는 관점을 다음 세 가지로 정리해보았다.

공정한 대우에 대한 세 가지 관점

첫 번째 관점은 철저히 능력에 따라 차등적으로 대우하는 것이다. 여기서 능력은 교육 정도, 시험 합격 여부, 인사 평가 점수 등 최대한 객관적인 기준에 따라 판단한다. 몇 년 전 인천공항에서 비정규직 직원들을 정규직으로 전환한다고 했을 때, 기존 정규직 사원들이 시험을 통해 들어온 자신들에게 불공정하다고 주장하여 사회적 이슈가 된 것도 이러한 관점 때문이다. 이 관점은 다소 비정하게 느껴질 수 있지만, 집안 배경이 좋거나 가까운 사람을 중요한 자리에 앉히는 것보다는 훨씬 합리적이다. 능력이 있는 사람에게 중요한 일을 맡기면 사회와 조직에 더 큰 기여를 할 것이므로 더 좋은 대우를 해야 한다는 것이다. 근대화 이전에 문벌이나 배경이 좋은 사람만을 중용하고 잘 대우했던 것보다는 훨씬 나은 생각이다.

다만 능력을 판단하는 지금의 방식에는 문제가 있다. 어떤 일을 잘할 사람을 뽑을 때, 시험 성적이 좋다고 해서 일을 꼭 잘하리라는 보장은 없다. 정형적인 업무를 성실하게 수행할 사람을 뽑는 경우에는 시험 성적이 좋은 지표가 될 수 있지만, 다양한 상황에서 경험과 지혜를 모아 직관적으로 판단하고 과감하게 돌파하는 능력이 필요한 경우에는 시험 성적이 전혀 도움이 안 될 수도 있다. 이런 경우에는 필요한 능력을 갖춘 사람을 뽑기 위해 지원자의 경력과 평판을 심층적으로 이해하려고 노력해야 한다.

두 번째 관점은 개인의 능력 차이에 따른 보상 차등의 필요성을 인정하면서도, 개인의 능력이 절대적인 것이 아니라 사회적 맥락에서 결정된다는 점을 고려해야 한다는 것이다. 따라서 능력이 부족한 사람에게도 일정 수준 이상의 보상을 해줘야 한다는 입장이다. 예를 들어 뛰어난 실력을 가진 프로게이머가 높은 보수를 받는 것은 맞지만, 이는 한국처럼 인터넷망이 잘 구축되어 있고 많은 사람이 인터넷 게임을 즐기는 사회적 환경 덕분에 가능했다. 만약 그 선수가 아프리카의 작은 나라에서 태어났다면 같은 대접을 받지 못했을 가능성이 크다.

또 다른 예로 한국의 유명 대학 병원에 근무하는 유능한 영상의학과 교수를 생각해보자. 그는 한국의 병원 시스템이라는 맥락에서 능력을 발휘할 수 있다. 하지만 그가 아무리 뛰어난 지식과 기술을 가지고 있더라도, 가난한 나라의 의료 체계에서는 능력을 발휘하기 어려울 것이다. 이처럼 개인의 능력은 상당 부분 사회적 맥락과 연관이 있다.

따라서 개인의 능력이 뛰어나다 해도 사회적 보상을 어느 정도 절제하고, 능력이 부족한 사람에게도 일정 수준 이상의 보상을 배분하는 것이 공정하다고 보는 것이다. 소득에 대해 누진적 과세를 하고, 이를 재원으로 형편이 어려운 사람들을 위한 복지제도를 운영하거나 기부하는 행위는 이러한 생각을 반영하고 있다.

세 번째 관점은 두 번째 관점에서 한 걸음 더 나아가 개인의 능력이 타고난 재능과 노력의 결과일 뿐만 아니라, 그 재능이 개발되는 데에는 환경도 중요한 역할을 한다는 점을 강조한다. 여기서 환경은 개인이 통제할 수 없는 변수이기 때문에, 가난한 사람도 능력을 개발할 수 있는 여건을 사회가 제공해야 공정하다는 것이다.

조사 결과에 따르면, 개인 소득의 80%가 개인의 능력이 아닌 태어난 나라와 부모에 의해 결정된다고 한다. 또한 거의 동일한 능력을 가진 사람들이 1~2점 차이로 명문 대학 당락이 결정된 경우, 졸업 이후의 성취가 명문 고등학교를 나온 남자들 사이에서만 큰 차이를 보였다. 반면, 여자들이나 명문 고등학교를 나오지 않은 명문 대학 졸업자들은 애석하게도 일반 대학에 간 사람들과 성취 면에서 큰 차이를 보이지 않았다.

경제학자인 김현철 교수가 『경제학이 필요한 순간』에서 언급했듯이 명문 대학을 나와도 집안 배경이 좋은 경우에만 '명문대 프리미엄'이 제대로 작용했다는 얘기다.

나는 개인적으로 세 가지 관점을 모두 포함해야 진정한 공정 경쟁이 이루어진다고 생각한다. 그러나 우리 사회는 개인의 사회적 성취가 타고난 재능이나 노력뿐만 아니라 운에 크게 좌우됨에도 불구하고, 사회가 능력 있다고 인정하는 사람들에게 과도한 보상을 하고 그들에게 권력을 준다. 특히 명문 대학을 나오고 자격시험을 통과한 사람들이 그렇다. 그 결과, 이런 사람들은 자신이 노력해서 번 돈에 대해 세금을 내는 것을 극도로 싫어하고, 형편이 어려운 사람들을 노력이 부족하다고 매도하기 쉽다. 현재의 한국 교육 시스템은 학생들에게 치열한 성적 경쟁을 통해 극단적인 능력주의를 내면화시키고 있다. 우리 사회가 각자도생이나 승자독식을 벗어나 함께 잘사는 사회가 되려면 이런 극단적인 능력주의를 넘어서야 한다고 생각한다.

앞서 언급했던 인천공항의 사례에 이 세 가지 관점을 적용해 보자. 인천공항 비정규직의 정규직화에 관한 문제는 다음과 같다. 첫째, 비정규직을 기준 없이 무조건 정규직화하는 것은 첫 번째 관점에서 공정성에 어긋난다. 둘째, 현 비정규직의 업무를 구분하여 자격 기준을 명확히 설정한 후, 이 기준에 따라 정규직 여부를 결정해야 한다. 자격 기준 없이 정규직으로 전환하면 부적격자들이 정규직화되어 첫 번째 관점의 공정성이 무력화된다. 셋째, 가정 형편이 안 좋은 학생도 좋은 국공립 학교에서 수준 높은 교육을 저렴하게 받을 수 있도록 국가가 지원하여, 노력한 만큼 좋은 결과를 받을 수 있도록 해야 한다.

이런 점을 고려할 때, 가정환경에 관계없이 양질의 교육, 의료, 주택 등에 쉽게 접근할 수 있는 사회가 진정한 의미에서 공정한 사회라고 할 수 있다. 한국 사회가 앞으로 공공서비스의 질적, 양적 향상에 더 힘써야 하는 이유다. 이처럼 공정한 사회를 만들기 위한 움직임은 양질의 교육, 의료, 주택에 접근이 용이한 사회와도 연결된다.

생산성 향상을 위한 혁신을
잘 수용하는 사회

모바일 산업 초창기에 한국은 다국적 기업들이 다양한 기술과 서비스를 테스트하는 최고의 장소였다. 한국 사람들이 새로운 시도에 매우 적극적이고, 한번 불이 붙으면 빠르게 확산되는 특성이 있기 때문이었다. 정부도 정보통신부를 만들어 법과 제도를 적극적으로 정비하고, 다양한 지원을 아끼지 않았다. 또한 인터넷의 발전을 위한 콘텐츠 세계화에도 일찍 눈을 떠 여러 가지를 지원했다.

'AI·로봇화'에서 앞서가려면 다양한 분야에서 로봇과 함께 이를 활용하는 서비스를 개발하여 빠르게 현장에서 적용하고 확산

시킬 수 있는 환경을 제공해야 한다. 새로운 기술이 상업적으로 성공하려면 실험실에서 개발만 하는 것으로는 충분하지 않다. 실제 사용 현장에서 고객에게 기술을 소개하고, 시행착오를 겪으면서 기술의 완성도를 높여야 한다. 자율주행 택시, 자율주행 택배 차량, 공장 작업용 로봇, 간병인 로봇, 원격 진료 로봇, 경비 로봇, 개인용 동반자 로봇, AI 비서, AI 변호사, AI 의사, 컨시어지 로봇, 현장 작업용 모바일 수트 등 다양한 분야에서 한국이 가장 빨리, 가장 많이 사용하는 나라가 되어야 한다.

이를 위해서는 아이디어와 기술의 타당성이 검증되면 현장에서 바로 운영해볼 수 있도록 기존 규제를 면제하거나 유예해주는 '규제 샌드박스'를 활성화하는 것도 좋은 방법이다. 자율주행 배달 로봇 시험 운행 중 사고가 나면 부정적인 여론이 생길까 걱정하는 사람도 있다. 그러나 시험 운행 중 예기치 않은 사고가 발생하더라도 문제 해결에 집중하고, 과도한 언론 비판으로 인해 혁신적 기술의 현장 시험이 사라지지 않도록 해야 한다.

결국, 한국은 다시 한번 새로운 기술의 테스트 베드가 되어야 한다. 우리는 그럴 만한 열정과 능력이 충분히 있다.

기업의 유연한 인력조정과 혁신

혁신이 잘 일어나려면 기업에서 사업구조조정과 인력조정이 좀 더 유연하게 이루어져야 한다. 미국이 커다란 경제 규모에도 높은 경제 성장을 할 수 있는 이유 중 하나는, 사업 전망이 안 좋은 분야에서 인력을 감축하고 전망이 있는 곳에 사람을 뽑는 것이 자유롭다는 점이다. 실제로 코로나19 팬데믹 초기에 기업들이 2,000만 개가 넘는 일자리를 감축했다가 이후 온라인 비즈니스가 호황을 맞으면서 테크 기업 중심으로 신규 고용이 이루어졌다. 이는 미국만의 관행과 시스템 덕분에 가능한 일이었다. 갑자기 직장을 잃을 가능성도 크지만, 실업보험의 도움을 받으며 구직에 노력하면 얼마 안 가다시 취업할 수 있다는 믿음이 있다. 기업 입장에서도 해고가 손쉬운 만큼, 필요할 때 별다른 고민 없이 사람을 뽑을 수 있다.

우리에게는 기업과 노동자 간에 이런 믿음이 없다. 특히 중년 직원이 실업 후 재취업하기가 현실적으로 매우 어렵다. 게다가 개인 복지의 대부분이 국가 차원의 공공 인프라보다는 회사와 연결되어 있기 때문에, 실업을 하면 의료보험부터 주택대출 상환 문제, 자녀 사교육비까지 생활 전체가 타격을 받는다. 그래서 사람들은 구조조정에 따른 해고에 결사적으로 저항한다. 이를 해결하려면 대기업부터 채용 관행이 경력 사원 채용 중심으로 변해야 한다. 경력 사원을 채용할 때 연령이나 성별에 관계없이 경력과 업무 능력을 중심으로 판단해야 한다. 그리고 직원들도 나이와 상관없이 대등한 개인으로서 직위와 책임에 따라 일하는 데 익숙해져야 한다. 언제까지 나이 많은 부하 직원이나 나이 적은 상사를 부담스러워할 것인가? 그저 모두가 대등한 개인이며 업무에 따른 역할이 다를 뿐이라는 것을 인식해야 한다. 최근 대기업들이 신입사원 대량 공채를 중단하고 필요할 때마다 수시로 경력 사원을 채용하는 일이 많아지고 있다. 이러한 변화가 유연한 노동 관행으로 이어지도록, 정부에서도 실업보험을 정비하고 재교육에 힘쓰며 연령, 성별, 인종에 따른 차별을 금지하는 등 입법적인 보완이 필요하다.

또한 생산성 향상을 위해 변화를 추진하려면 이해당사자들의 이해관계를 조율해야 한다. 모빌리티 서비스 플랫폼 '타다'의 사례에서 보았듯이, 혁신적인 서비스라도 택시 업계의 반발을 다독이는 지원책과 설득이 필요했다. 이해관계를 간과하니 결국 문제가 발생했다. 로봇화가 진행되면서 많은 새로운 일자리가 생기겠지만 직장을 잃는 사람도 많이 나올 것이다. 이들을 위해서도 실업보험과 재교육 등 불균형을 보완할 수 있는 여러 지원책이 필요할 것이다.

향상된 생산성으로 인한 이익을 소수가 독식하지 않도록 사회적으로 배분하는 장치도 필요하다. 이를 잘 다루지 못하면 양극화와 사회적 갈등이 심화될 것이다. 이를 극복하기 위해서는 생산성 향상으로 인한 이득을 임금인상 등을 통해 노동자에게 배분하거나, 소득에 누진과세를 강화하여 사회보장제도나 교육, 의료, 주택 등 공공 인프라를 보강하는 데 사용해야 한다. 또한 국민연금이나 국부펀드에 기술혁신 관련 기업 주식을 대폭 편입하여 수익률을 높여 연금 형태로 제공하는 방법도 활용할 수 있다.

가장 이상적인 것은 생산성이 높아진 만큼 개인의 노동시간을 줄이면서도 급여를 높여주어 취업자도 늘고, 개인의 소득과 여가 시간이 늘어나는 것이다. 하지만 이런 일은 고도의 정치적 과정을 통해 사회적 공감대가 이루어져야 가능하다. 사회적 공감대 없이 일방적으로 밀어붙이면 사회적 갈등과 충돌만 일어날 뿐이다. 2024년 총선 때 각 정당이 선심성 복지를 내세우며 사회적 권리를 주장했지만, 그 엄청난 재원을 어떻게 마련할지에 대한 구체적인 방안은 언급하지 않았다. 결국 이 모든 것들이 납세자들의 동의가 필요한 문제고, 혁신을 통한 생산성 향상은 사회의 정치적 역량 문제로 귀결된다. 어릴 때부터 민주시민으로서의 소양을 길러 민주적 절차를 통해 사회적 공감대를 형성할 수 있는 리더와 시민이 많이 필요한 이유다.

다수의 시민이 공적 사안에
참여하는 사회

민주시민의 소양을 기르기 위해서는 우리 삶의 현장에서 구성원 자치가 더욱 활성화되어야 한다. 시민들이 자신의 삶과 직결되는 공공 사안에 적극적으로 참여해야 한다는 뜻이다. 현재 직업 정치인들이 지방자치를 진영 논리와 세력 다툼의 장으로 변질시키고 있다. 지방자치단체의 장이나 지방의회 의원들에게 정당 국회의원이 영향력을 행사하는 현실은 지방자치의 원래 취지와 맞지 않는다.

나는 19세대가 사는 아파트에 10여 년간 살면서 주민 자치를 경험했다. 대부분이 각 세대의 집주인인 이 아파트에서는 주민들이 1년씩 돌아가면서 대표를 맡아 관리 회사를 상대하고 공동의 이슈에 대해 의견을 조율한다. 한 달에 한 번 주민 모임을 하고 메신저를 통해 의견을 나눈다. 이렇듯 아파트의 모든 세대가 관리 및 경영에 참여하고 의견을 내며 책임감을 가지게 되는 경험은 공공 자치의 좋은 모델이라고 생각한다.

주민 대표와 주민들이 책임감 있게 아파트 운영에 참여하면서 관리 회사 장부를 확인해 횡령을 적발하고 관리 회사를 교체하기도 했다. 또한 공동 수리에 필요한 비용 분담을 조율하기도 했다. 완전하지는 않지만 이 모델은 주민 공동체가 민주적인 주민 회의를 통해 운영되는 좋은 사례가 될 수 있다. 여기서 중요한 점은 집주인인 주민들이 돌아가며 공적 의무를 수행하므로 부정의 소지가 없고, 모든 일에 주민들이 비용을 분담해야 하니 토론과 조율이 필수적이라는 것이다.

우리는 모두 이 사회의 주인이다

우리가 사는 지역사회도 직업 정치인(여러 번 당선되어 오랜 임기 동안 금전적 이득을 얻는 정치인)보다는 공적영역에 봉사하는 마음을 가진 아마추어들이 많이 참여하는 자치 형태가 되기를 바란다. 직업 정치인을 배제하고, 권력 다툼이나 이권 다툼이 불가능하며, 사람들이 각자도생하는 대신 서로 협력해가며 공공재를 많이 만들고 활용할 수 있었으면 한다.

정당들의 국회의원 후보 선출도 권력자의 눈치를 보게 되는 공천 제도보다는 지역 경선을 통해 후보를 선출하는 것을 원칙으로 삼아야 한다. 현역 국회의원과 토착 기득권층이 조직을 동원해 여론을 주도하면 얼마든지 계속 당선될 수 있다는 이야기도 하는데 하는데 아예 연임을 불가능하게 하는 것도 고려해봐야 할 것이다.

조금 극단적인 생각일지 모르겠지만, 국회의원 보수도 일반 국민의 평균 소득 정도로 하고, 비서 한두 명 이외에는 식대, 교통비까지 자기 비용으로 충당하는 순수 자원봉사 인력을 기반으로 의정 활동을 하게 하는 것은 어떨까? 유럽의 많은 나라들이 현재 그렇게 하고 있는데 큰 문제가 있다는 얘기는 듣지 못했다. 현실적으로 비서 10여 명 중 의정 활동을 하는 사람은 2~3명에 불과하고 나머지는 지역구를 관리한다고 한다.

차라리 정당 차원에서 정책 연구소를 운영해 정당의 정책과 예산 전략을 제시하고, 야당일 때는 전체 예산을 전년 대비 몇 퍼센트 이상 증액하지 않도록 가이드라인을 정해 정부 및 상대 정당과 협상하는 것이 더 나을 것이다. 국정이나 시정이 복잡하니 대통령, 도지사, 시장, 국회의원까지는 전업 정치인을 선거로 뽑더라도, 지방자치 의회부터는 지역 주민들 중 희망자를 추첨 선발해 관련된 교육을 받은 후 일정 기간 해당 지역 사회의 이익 관점에서 무보수로 의정 활동을 하도록 하는 것도 방법이라고 생각한다. 물론 연임은 금지해야 할 것이다.

주민이 실제 자신의 삶에 영향을 미치는 사안들에 주인 의식을 가지고 참여하며 적극적인 역할을 더 잘할 수 있으면 좋겠다.

바르고 선하게 살아도
큰 손해 없이 살 수 있는 사회

나는 편법과 불법이 통하지 않는 사회를 이상적인 사회로 꿈꾼다. 그리고 이러한 사회는 프리라이더Free Rider와 부정행위Cheating, 권력형 규칙 무시 문제를 사회가 어떻게 다루느냐에 달려 있다.

프리라이더란 다른 사람들이 노력하여 얻은 결과에 기여하지 않았는데 일정 몫을 가져가는 사람을 가리킨다. 대학이나 회사에서 협업 프로젝트에 기여한 것은 별로 없으면서 윗사람들의 비위를 잘 맞춰 인정받는 사람을 생각하면 된다. 프리라이더가 많이 존재하는 사회에서는 열심히 일할 사람이 줄어든다. 열심히 일하나, 적당히 놀면서 지내나, 보상이 같다면 계속해서 열심히 일하기는 어려울 것이다. 우리 사회는 전통적으로 집단주의적인 성향이 있기 때문에 열심히 일해서 성과를 내는 사람에게 상응하는 보상이 부족하고, 기여가 적은 사람에게는 과도한 보상을 하는 경향이 있다. 예를 들면 근무 연수가 더 오래됐다는 이유로, 혹은 남자이고 가정이 있다는 이유로, 성과를 많이 낸 사람에게 돌아가야 할 좋은 평가가 다른 사람에게 돌아가버리는 것이다. 그러면 조직에 대한 애정이 사라지고 열심히 일할 의욕이 없어지게 된다. 기업들은 '성과가 있는 곳에 보상이 있다'는 분위기를 만들기 위해 노력해야 한다. 또한 개개인의 기여를 측정하고 보상하기 위한 노력이 필요하다. 집단주의적 성향을 감안해 실제 기여자와 프리라이더를 파악하기 위한 연구도 필요하다. 예를 들면 공동 프로젝트 실시 후 전 참여자에게 자기 제외하고 가장 큰 기여를 한 사람을 고르게 하고 이유를 제출하도록 하여 가장 많이 거명된 사람에게 평균치의 두 배로 보상하는 식으로 운영할 수 있다.

부정행위는 규칙을 어기며 속이는 것을 말한다. 우리 사회에는 똑똑하지만 원칙을 지키지 않는 사람이 많다. 이전보다 줄어들긴 했지만 여전히 많은 사람이 규칙을 어기며 이득을 보려고 한다.

얼마 전까지만 해도 미국 명문대 유학을 위해 지원 서류들을 제출할 때 한국에서 작성해 제출하는 추천서는 잘 믿지 않는 경향이 있었다. 지원하는 학생에 대해 개인적으로 잘 모르는 교수나 지인이 적당히 좋게만 써 주는 것이 관행이었기 때문이다. 몇 년 전 유명 인사의 박사 학위 논문이 수준에 맞지 않아 큰 사회적 이슈가 되었고, 석박사 논문에서 표절을 적당히 넘어가는 관행도 여러 번 문제가 됐다. 부모나 지인이 가짜 경력을 만들어주기도 하고, 심한 경우 논문을 대신 써주는 경우도 있다고 한다. 명백한 범죄행위에 대해서는 지금보다 훨씬 강력한 처벌이 필요하다. 표절에 대해서도 과거 관행이 어땠든 상관없이 당사자는 표절에 대해 사과하고 학위 취소 등의 조치를 감수해야 할 것이다.

　미국에서는 세무 당국이 평소에는 일일이 들여다보지 않지만 무작위적으로 점검하고 의혹이 있을 때 세무 조사를 행한다. 세무 조사 결과 탈세가 발견되면 큰 벌금을 내거나 처벌을 받는다. 그래서 탈세는 꿈도 못 꾼다. 우리나라는 아직 경제사범에 대해 비교적 관대하다. 최근 사기성 암호 화폐 사건으로 한국과 미국에서 동시에 수배령이 내린 범죄자가 해외 도피 중 체포되자, 처벌이 약한 한국으로 송환되기 위해 거액의 변호사를 고용하여 애쓰는 모습이

화제가 된 적이 있다. 이처럼 거창한 범죄가 아니더라도, 일상생활에서 새치기나 실손보험 관련하여 일부 의사들의 과잉 진료에 협조한다든지, 현금을 내면 할인해준다는 탈세 목적의 현금 거래, 형편이 어려운 사람을 위한 임대아파트에 고급 승용차를 가진 사람이 사는 등의 사례는 어렵지 않게 볼 수 있다.

우리 사회가 편법과 불법 문제를 해결하려면, 평범한 일반 시민 모두가 이런 행위는 부끄러운 일이며 주변 사람들에게 피해를 준다는 인식을 가져야 한다. 권력 있는 사람이나 다른 사람들을 탓하기보다 나부터 편법과 불법을 행하지 않기 위해 노력한다면 그런 의식이 널리 퍼지게 되지 않을까?

성숙한 민주시민이 되기 위해

물론 생활 속에서 어디까지가 편법인지 판단하는 문제는 상식에 맡겨야 할 일이다. 얼마 전 이발소에 갔는데 현금으로 내면 1만 원, 신용카드로 결제하면 1만 2,000원이라고 했다. 현금 1만 원을 내고 나오면서 탈세를 방조한 것이 아닌가 하며 떨떠름해했던 적이 있다. 또 손녀의 대학 학자금에 도움을 주고 싶어 손녀 명의로 10년 만기 적금 통장에 월 얼마씩 넣어줄까 하다가 편법 증여가 될 것 같아 그만두었다. 아내는 이런 고민이 보통 사람들에게는 강박 수준이라고 했다. 맞는 말이다. 나도 현실적으로 지키기 어려운 수준을 강요할 생각은 없다. 각자가 지금보다 조금 더 편법에 엄격해지자는 것이다. 시민 한 사람 한 사람이 지금 당장은 조금 손해를 보더라도 자발적으로 원칙을 지키며 사는 사회가 되어야 한다.

버스 정류장이나 지하철에서 줄 서는 문화가 자리 잡은 것을 보면 우리도 충분히 가능하다. 줄 서기도 처음에는 거의 불가능해 보였지만 이제는 사람들에게 보편적인 상식으로 자리 잡았다. 이런 일들을 우선 나부터 먼저 시작하면 조금씩 변화가 일어나고, 어느 임계점을 지나면 모두가 줄을 서고, 투기를 하지 않고, 탈세를 하지 않게 된다. 우리는 성숙한 민주시민으로서 정당한 절차를 통해 만들어진 모든 제도와 규칙을 주인답게 지키자.

권력형 규칙 무시의 대표적 사례는 아는 사람을 잘 봐주는 것이다. 선진사회일수록 사회적 대우의 규칙이 명확하고 일관성 있게 지켜진다. 영국이나 캐나다는 모든 의료가 무상이지만, 아파서 치료받으려면 오래 기다려야 한다는 우스갯소리가 있다. 이는 순서를 철저히 지키는 문화 때문이다. 우리나라는 전 국민을 대상으로 국가 차원의 단일 건강보험 제도를 실시하고 있다. 자기 소득이나 재산에 따라 보험료를 내고 동일한 의료 서비스를 받는다. 그러나 지인을 통해 유명한 의사의 진료를 빨리 받는 경우가 있다. 이는 좋게 말하면 유연한 것이고, 비판적으로 말하면 청탁이 먹히는 사회다. 나도 가까운 의사 친구에게 부탁해 편의를 본 적이 있다. 어느 날 그 친구와 식사 중에 지인이 전화로 어머니의 암 진료를 부탁한 적이 있다. 당시 의사 친구에게 연결해주었고 이후에 치료와 수술을 잘 받았다는 연락을 받았다. 나중에 생각해보니 내가 당연하게 여긴 인맥과 편의가 다른 사람에게는 불가능한 것이었고, 결국 다른 사람들의 불이익을 대가로 한 것이었다는 것을 깨달았다. 그 이후로는 내가 편법을 저지르거나 권력을 이용해 규칙을 무시하는 건 아닌지 계속 점검하고 있다.

더 심각한 권력형 규칙 무시는 권력을 남용한 편법·탈법이다. 조금만 출세하면 권력을 활용해 사적 이익을 얻으려는 사람이 많다. 남에게 편법으로 호의를 베풀면서 반대급부로 상대방의 권력을 이용해 편법적 이득을 얻으려 한다. 자신의 권력이 세지고 지위가 높아질수록 더욱 몸가짐을 조심하고 사적 이해관계가 영향을 끼치지 않도록 해야 한다.

그러나 많은 사람은 세상이 그렇게 단순하지 않다고 말한다. 편법·탈법을 통해 사회적으로 높은 자리를 차지하는 것이 현실이다. 어느 사회나 권력을 남용해 '공적 영역의 사유화'를 하는 것은 심각한 문제다. 회사나 개인 사업에서도 대주주가 법인에 개인 회사를 납품시켜 사익을 챙기거나, 공무원이 전관 비리를 구조화해 후배에게 강요하는 등의 문제는 여전히 존재한다. 그래도 최근에는 권력 있는 사람이 교통신호를 위반하고도 호통을 치거나 경찰 고위층에 압력을 넣어도 누군가 동영상을 찍어 올리거나 SNS에 폭로하는 경우가 많아졌다. '김영란법'이 시행된 이후 상납 관행도 많이 줄었다. 다양한 유튜브 채널이 편법·불법 사례를 찾아내면서 주류 언론이 눈감아주려 해도 덮어지지 않는다. 물론 여전히 뒤에서 서로 봐주는 일은 많겠지만, 적어도 드러내 놓고 행하지는 못하게 되었다.

편법과 불법에 대해서는 각 정부 기관, 사법기관이 예외 없이 동일한 잣대를 적용하여 처벌하고, 남 탓하지 않고 나부터 규칙을 지키는 시민이 다수가 되는 사회가 되어야 한다. 그러면 그런 사람들이 손해 보지 않고 사회 전체로도 살기 좋은 사회가 될 것이다.

3장

더 나은
삶을 위한
개인의 노력

선량한 개인들의 작은 노력이 모여
근본적 사회 변화를 만든다

우리 사회는 미래를 위해 몇 가지 중요한 개혁이 필요하다는 것을 인지하고 있지만, 이해집단의 반발과 국민 대다수의 반대에 부딪혀 진전이 없다. 흔히 연금, 노동, 교육, 의료 분야의 개혁이 시급하다고 말한다.

연금은 출산율 저하로 인해 지속성을 위해 더 내고 더 늦게 받거나 덜 받는 방향으로 바뀌어야 한다. 노동은 경제 고도화와 낮은 출산율로 인해 투입 요소 증가에 의한 성장이 어려우므로, 해고 요건 완화나 연공서열 문화의 실질적 폐지를 포함한 고용의 유연성이 필요하다. 교육 개혁은 문제를 발견, 정의하고 스스로 해결해 나가는 능력과 민주시민으로서의 소양을 기르는 방향으로 전환하는 것이 핵심이다.

그러나 많은 사람들은 이러한 개혁이 필요하다고 말하면서도 자신에게 손해가 된다면 격렬하게 반대한다. 필수 의료 인력이 부족해 의대 정원을 늘리자는 얘기가 나왔지만 의사들의 반대에 부딪혀 진전이 없는 상황이 그 예다. 정부나 정당들은 선거 때마다 개혁을 외치지만 실제로 입법하고 추진하는 데에는 정치적인 손해를 우려해 행동에 옮기지 않는다.

개인의 삶에서도 마찬가지다. 어려서부터 좋은 대학, 특히 의대를 목표로 치열한 성적 경쟁을 하고, 사교육에서 지식 암기와 정형화된 문제의 정답 찾기 훈련을 받지만 실제 의대에 가는 아이는 극소수다. 대부분은 다양한 직종으로 진출해야 하는데 AI·로봇화 시대에는 그런 지식이나 정답 찾기 실력이 별 쓸모가 없다. 많은 부모가 스스로 배우는 능력을 키우는 쪽으로 자녀를 이끌고 싶어도 성적이 떨어질까 봐 남들 하는 대로 따라가게 되는 것이 현실이다.

이로 인해 아이들은 삶의 의미나 윤리에 대해 생각해보거나 민주시민으로서의 소양을 기를 기회를 가지지 못한 채 성인이 된다. 성인이 된 이후에도 삶의 방식을 바꿔야 한다고 생각할 수 있지만 막막해서 실제로 바꾸는 사람은 거의 없다.

기업도 마찬가지다. 혁신의 필요성을 논의하고 현실을 걱정하지만 지금까지 해오던 방식을 버리고 완전히 새로운 사업이나 경영 방식을 도입하는 데에는 별 진전이 없다. 사람의 신체처럼, 이질적인 것이 들어오면 면역체계가 작동해 싹을 없애버리기 때문이다. 그래서 모두가 회사와 조직의 장래를 걱정하고 변해야 한다고 생각하지만 정작 할 수 있는 것은 없다고 한탄한다. 문제를 지적하고 한탄하면서도 실제로 달라진 것은 아무것도 없다. 지금까지 해오던 사업과 방식을 더 열심히 하면서 살아갈 뿐이다.

두 번의 사회 변혁과 변화의 필요성

그래도 희망은 있다. 나는 역사학자도 아니고 이런 문제에 전문가도 아니지만, 개화기 이후 우리에게는 두 번의 커다란 사회 변혁 사건이 있었다는 것을 알고 있다. 두 번 모두 평범한 국민 대다수가 각성하여 그 이전과는 전혀 다른 가치관과 행동양식을 가지게 되면서 발생했다.

첫 번째 변혁은 해방 후 국민의 열망을 반영한 토지 개혁이다.

개화기 조선에 온 선교사들은 조선 남자들이 너무 게으르다는 점을 발견했다. 아녀자들은 가사 노동에 고생이 많은 데 비해 남자들은 생산적인 일을 하지 않고 빈둥거리는 사람들이 많았다. 그런데 선교사들이 간도 지방을 방문했을 때, 조선 출신 이주민들이 너무도 열심히 일하며 살아가는 것을 보고 깜짝 놀랐다. 같은 조선 사람들이 왜 이렇게 다른가? 이 선교사는 조선 사람들이 조선에 있을 때는 땅도 없고 열심히 돈을 벌어도 관리나 양반들이 수탈해가니 일할 이유가 없었는데, 간도에 오니 그런 수탈이 없어서 열심히 일하게 된 것이라고 보았다.

해방 이후, 지주들에게 국채로 보상하고 그 땅을 실제 경작하는 농민에게 제공하는 토지 개혁이 있었다. 당시 인구의 대부분을 차지하던 농민들이 처음으로 자기 땅을 가지게 된 것이다. 북한군이 남침했을 때, 남한 농민들이 열렬히 저항한 이유도 토지 개혁으로 얻은 재산을 지키기 위해서였다는 것이 정설인 듯하다.

두 번째 변혁은 박정희 정부 시기였다. 이 시기에 민주주의 관련 과오도 많았지만, 국민의 잘살고자 하는 욕망을 자극해 이를 생산적인 에너지로 전환하여 국가 전체가 빈곤을 벗어나게 했다.

모든 국민이 내일은 더 잘살 것이라는 희망을 가지고 열심히 일하고 자녀들을 교육시켰다. 수많은 농촌 가정이 자녀를 도시로 유학시켰고, 이들이 졸업 후 산업역군이 되어 현장에서 열심히 일해 회사를 키우고 수출을 늘렸다. 농촌은 '잘살아보세'라는 구호 아래 새마을운동을 시작해 소득을 늘리기 위한 노력을 했다. 이렇게 시작된 산업화와 소득 증가 활동이 오늘날의 번영을 이끌었다. 국가도 교육제도, 노동, 금융, 세제, 산업 지원 등 사회 전반적으로 산업화를 위한 동원 체제를 구축했다. 일반 국민은 열심히 일하면 잘살 수 있고, 우리 아이들도 번듯하게 일할 수 있다는 믿음을 가지고 불철주야 일했다.

두 가지 변혁의 공통점은 평범한 시민들의 각성과 이들의 삶의 변화가 모여 커다란 사회적 변혁을 만들어냈다는 것이다. 이후 산업화 동원 체제는 여러 위기와 경제의 성숙화를 겪으면서 개인 간의 무한경쟁과 승자독식을 강화하게 되었다. 그간 복지에 대한 여러 노력이 있었지만, 성장을 위한 투자에 집중하기 위해 국민 복지의 핵심인 교육, 의료, 주택 등에 공공 인프라보다는 사적인 해결을 강요한 결과, 국민 개개인이 이를 감당하게 되었다. 이제 우리를 번영에 이르게 한 이 체제가 극에 달해 온갖 부작용을 일으키고 있음을 우리는 안다.

극심한 경쟁주의를 넘어 소중한 것들을 지키고 양심에 따라 살면서도 잘살 수 있는 사회로 변혁이 일어나길 바란다면 어떻게 해야 할까? 앞서 언급한 예시와 같이 사회 변화의 주역이 될 사람들이 각성하여 지금까지와는 다른 가치관을 가지고 변화된 삶을 살아야 한다. 이들이 실제로 변화된 삶을 살 수 있는 여건이 만들어져야 한다.

나는 변화의 주역으로서 현실과 미래가 암담하다고 불만과 불평만 하지 않고, 소중한 것을 지키면서 이 시대의 불의와 불공정을 시정하기 위해 자기가 할 수 있는 일을 해나가는 사람들을 생각한다. 우리 사회는 과거와 달리 풍족한 물적 기반과 세계적으로 인정받는 인재 층, 두터운 경험과 노하우가 축적되어 있다. 지금 필요한 것은 많은 개인이 생각과 삶의 방식을 바꾸는 것이다. 이는 자유민주주의를 기반으로 하는 사회에서는 특정 세력이 할 수 있는 일이 아니다. 특히 1980년대 말 이후 출생한 젊은 세대에게는 더욱 그러하다. 나는 이 젊은 세대가 이런 변혁을 만들어낼 사람들이라고 생각한다. 물론 이들이 전부 그렇다는 것은 아니다.

암담한 현실을 변화시킬 '선량한 진짜 시민'

내 경험에 따르면 현실이 자신의 생각과 달라 분노하는 사람들은 세 가지 유형이 있다. 첫 번째 유형은 분노와 좌절감을 폭발시켜 주변을 초토화한 후 자의 반 타의 반으로 그곳을 떠나거나 항상 불만이 많아 주변을 불편하게 만드는 사람들이다. 이들은 잠시 속은 시원할지 몰라도, 결국 자신만 손해를 볼 뿐 조직이나 사회에 도움이 되지 않는다.

두 번째 유형은 처음에는 분노했지만, 나중에는 현실을 받아들이고 자신이 욕하고 비판하던 행동을 하게 되는 사람들이다. 많은 사람이 이 유형에 속한다.

세 번째 유형은 분노와 좌절감을 마음속 깊이 간직하고, 기회가 올 때마다 현실을 고치기 위해 자신이 할 수 있는 일을 하는 사람들이다. 이들은 세상에 선한 영향을 끼치는 사람들로, 이들의 노력 덕분에 사회가 성숙하고 공정해져 왔다. 나는 이들을 '선량한 진짜 시민'이라고 부르겠다.

이 시대의 선량한 진짜 시민으로 살아가는 청년들은 이전 세대가 고민했던 절대빈곤의 문제에서 훨씬 자유롭기 때문에 삶의 질에 훨씬 민감하다. 이들은 집단주의보다는 자신의 개성과 취향을 소중히 여기며, 자신의 자유만큼 남의 자유도 존중한다. 또한 SNS를 통해 자신을 과시하거나 남들과 비교하여 열등감을 가지는 행동의 문제점을 인식하고 있다. 이들은 남들과 비교하지 않고 자신의 삶에 충실하고자 하며, 개인적으로 손해를 보더라도 공공의 이익을 위해 행동하려고 한다.

이들은 세상 돌아가는 것을 보며 지식 암기와 정형화된 문제 해결 능력만으로는 앞으로의 세상에서 성과를 내기 어렵다는 것을 인식하고 변화를 모색하고 있다. 지금 당장은 현실과 타협하며 살고 있지만, 올바른 방법으로 일하고 소중한 것을 지키며 살기를 원한다. 이들은 세상을 좋은 방향으로 변화시키는 선한 영향력을 행사할 수 있는 사람들이다. 이들 개개인의 힘은 비록 작지만 그 숫자가 임계점을 넘으면 세상을 바꿀 수 있다.

이들이 양심에 따라 바르게 살면서 정치에도 적극적으로 참여하면, 적절한 직업과 양질의 육아, 교육, 의료, 주택에 대한 접근을 개선하고 연금 개혁, 의료 개혁, 교육 개혁, 세제 개혁 등 많은

분야에서 변화를 만들어낼 수 있다. 선량한 개인들의 작은 노력이

모여 근본적인 사회 변화를 만들어내는 것이다.

내면화된 나쁜 가치들을 버린다

이데올로기라는 말을 들어본 적 있는가? 보통 '허위의식'이라고 번역하는데, '지배적이지만 잘못된 생각' 정도의 의미일 것이다. 현시점에서 우리나라의 대표적인 이데올로기는 극단적 능력주의와 결합된 경쟁만능주의와 서열 의식인 것 같다(우리 사회의 주요 이데올로기에 관해서는 중앙대 김누리 교수의 강연 내용을 많이 참고했다).

우리나라의 교육은 철저하게 성적 경쟁에 매몰되어 있다. 경쟁 만능주의의 이데올로기를 내면화하고 체화하는 것이다. 어렸을 때부터 주변과 경쟁하고 성적이 좋으면 다른 모든 것은 무시되는 삶을 살다 보니, 경쟁에서 이긴 사람이 지배자가 되고 진 사람은 그에 복종하는 세상이 너무 당연해져버렸다. 공부를 잘해서 의사나 판검사가 되어 잘살고 싶다는 목표는 있지만, 돈을 잘 벌고 사회적 지위가 높은 직업을 가진다는 것 외에는 그것이 사회적으로 어떤 의미와 가치를 위한 선택인지는 고려하지 않는다.

서열 의식은 자유민주주의와 양립하기 어려운 관념인데, 우리나라에서는 유교의 영향인지 사회의 모든 분야에 강하게 남아 있다. 학교부터 군대, 직장 생활에 이르기까지, 나이가 어린 사람이나 후배는 연장자나 선배에게 예의를 갖춰 대하고 선배의 말에 따르는 것을 당연하게 생각한다. 선생님이나 상사는 더욱 그렇다. 자기보다 나이가 많거나 사회적 지위가 높으면 존대하고 적으면 평대나 하대를 한다.

나는 개인주의자라서 그런지, 잘 알지 못하는 사람이 나이가 많다는 이유로 혹은 같은 학교를 조금 일찍 다녔다는 이유로 더 높은 지위를 가졌다는 이유로 하대를 하면 나를 대등한 인간으로 존중하지 않는다고 느껴져 분노했다. 다른 사람도 마찬가지일 것이라고 생각했다. 사람들에게 나이나 지위에 따라 서열을 매겨 누구에게는 예의를 지키고 다른 사람에게는 막 대해도 괜찮다고 생각하는 것은 분명히 잘못된 생각이다. 이러한 서열 의식이 극단적 경쟁 만능주의나 능력주의와 결합되면 경쟁을 통해 능력을 검증받은 엘리트들이 사회를 지배하고 나머지 국민은 이를 순종하고 따라가는 매우 위험한 사회가 될 것이다. 통상 우리가 파시즘이나 독재주의라고 부르는 생각이다.

우리 사회를 대등한 개인들이 모인 공동체로 인식하고, 모두가 지킬 규칙을 민주적 절차를 통해 정하는 것을 전혀 경험해본 적없이 경쟁만 하던 사람이 세상의 권력을 쥐면 어떤 일이 일어날지는 뻔하다. 게다가 대부분의 사람은 다른 사람이 어떤 것을 주장할 때 그 주장에 대해 나름 근거를 가지고 판단하는 훈련도 별로되어 있지 않다. 예를 들어 선거 기간에 그저 주변에서 그 사람이 좋은 사람이라고 하면 지지하고, 나쁜 사람이라고 하면 반대할 뿐이다.

양심의 소리를 따르면서 소중한 것을 지키며 사는 것 자체가 생소하다. 돈을 버는 것은 내게 소중한 것들을 누릴 수 있도록 해주기 위해 필요한 것이지 결코 그 자체가 목적이 될 수는 없다는 생각은 있지만, 막상 생활 속에서는 돈과 권력을 위한 경쟁에서 벗어나지 못하는 현실을 한탄한다. 그런 생각을 마음 한편에 두고 있더라도 경쟁과 비교 앞에서는 항상 우선순위가 밀린다.

잘못된 인식을 바꾸기 위한 '셀프 토크'

이제 여러분이 할 일은 여러분이 당연하다고 받아들이고 살아왔던 이런 인식들이 잘못된 인식임을 확인하고 마음속에서 털어버리는 것이다. '나는 경쟁해서 남을 밟고 올라서기 위해 사는 것이 아니고, 나름 소중한 것들을 지키고 누리기 위해 사는 것이다'라는 생각을 항상 상기하자. 내 삶이 남들만 못한 것 같다고 우울해하거나 한탄하지 말고, 세상이 뭐라고 하든 내가 소중하게 생각하는 것을 지키고 누리기 위해 노력하자. 내게 소중한 것을 누릴 수 있는 자유가 있는 것처럼 남도 그러하다는 것을 항상 기억하자. 다른 사람의 서열이 나보다 높은지 낮은지를 저울질하는 것을 그만두자. 이제 지금까지 세상이 여러분에게 불어넣은 잘못된 생각 대신 여러분 나름의 삶의 방식을 하나하나 다시 세우자.

이렇게 잘못된 생각들을 인식한다고 해도 그간의 습관 때문에 무슨 일에 부딪히면 예전 생각이 자동으로 떠오른다. 상담심리학에서는 이를 '셀프 토크self talk'라고 하는데, 예를 들면 나보다 나이 적은 사람과 얘기하면 머릿속에 자동적으로 '나보다 어리니 말을 놓아도 되겠네.'라는 생각이 떠오르는 것이다. 어떤 사람을 새로 소개받으면 출신 학교부터 물어보고 '그 정도 학교를 나왔다니 별것 아니겠네. 한 수 가르쳐야겠구나.'라는 생각이 자동으로 떠오른다. 그래서 서열주의가 잘못된 생각이라고 인식해도 금방 고치기가 어렵다.

이를 극복하는 방법은 위의 예시 같은 부정적 셀프 토크 대신에 의도적으로 '모든 사람은 평등하다.', '학교 성적이 나빠도 사회에 나가 일을 잘하고 인정받는 사람은 많다.'와 같은 긍정적 셀프 토크를 자꾸 되뇌면서 습관화하는 것이다.

또한 자기 인식의 변화를 위해서는 지속적인 자기 성찰과 실천이 필요하다. 단순히 생각을 바꾸는 것뿐만 아니라, 그에 맞는 행동을 지속적으로 실천하는 것이 중요하다. 긍정적 셀프 토크를 통해 내면의 변화를 이루었다면 이를 실제 행동으로 옮기도록 노력해야 한다. 예를 들어 나이와 상관없이 모든 사람을 존중하는 태도로 대하고, 학벌이나 지위에 상관없이 다른 사람의 의견을 경청하는 습관을 기르자. 이를 통해 진정한 평등과 존중의 문화를 만들어나갈 수 있다.

행복하게 사는 법을 다시 배운다

행복하게 사는 법 ① 남들의 기준에 흔들리지 않는다

행복하게 살기 위해 제일 처음 할 일은 흔들리지 않는 삶을 살기로 마음먹는 것이다. 남과 비교하거나 남의 눈을 의식하지 않고 내가 좋아하고 내게 소중한 것을 하는 것이다. 나는 자의식이 강해서 인생의 대부분을 다른 사람의 시선을 의식하면서 살았다. 특히 많은 사람 앞에 설 때면 그들의 시선과 관심이 매우 부담스러웠다. 여러 사람과 함께 얘기할 때도 "저 사람들이 내 얘기에 관심을 가질까? 말이 안 된다고 속으로 생각하지는 않을까?" 같은 생각이 머릿속에서 떠나지 않았다. 영화배우 중에 남의 눈에 자기 모습이 어떻게 비칠지가 두려워 자기 영화를 못 보는 사람이 있다고 한다. 나도 언젠가 회사에서 진행했던 발표를 동영상으로 나중에 보는 것이 영 힘들었다. 발표가 좋았다는 인사를 받으면서도 마음속 깊은 곳은 항상 불안했다. 다른 사람들 앞에 당당하고 편안해 보이는 사람이 그렇게 부러웠다. 꼭 많은 사람 앞에 나서는 일이 아니더라도, 일 상생활 속에서 다른 사람이 어떻게 생각할까를 항상 의식하며 살 았다.

그러다 나이를 먹으면서 사람들은 보통 다른 사람에 대해 별 관심이 없다는 평범한 사실을 깨달았다. 사람은 가족과 같은 특별 한 관계가 아니면 자기에게 유용하거나 대리 만족을 얻고자 하거 나 자신의 분노를 투사할 대상일 때만 남에게 관심을 가진다는 것 을 알게 되었다. 이를 깨닫고 나서는 사람들 앞에서 훨씬 편안해 졌다. 사람들 앞에 나서는 것을 별로 좋아하지 않지만, 업무든 개 인 생활이든 사람들과 소통하거나 어울려야 할 때가 있다. 그럴 때 사람들이 나를 어떻게 생각할지를 고민할 필요가 없어졌다. 어차 피 나라는 사람에 대해서는 대부분 관심이 없으니까. 대신 그 사람 들에게 유용한 내용을 알려주거나 그들의 관심사에 잘 반응해주면 된다. 그러다 보니 역설적으로 다른 사람의 주의와 관심사에 훨씬 민감해지고 잘 반응하게 되었다.

일상에서 다른 사람이 어떻게 생각할까를 너무 의식하는 것을 그만두고 나니 아내와 아이들, 소수의 지인들같이 진짜 내게 관심을 가지고 나의 관심을 받기를 원하는 사람들이 훨씬 잘 보이게 되었다. 사실 이들은 나의 오랜 무관심 때문에 지치고 상당 부분 나를 포기했던 사람들이다. "아빠는 바쁘니까.", "우리 남편은 이런 내 심정 얘기해도 안 들으려 하고 이해하지도 못할 테니." 하면서 점차 내가 없는 삶에 익숙해져 온 사람들이다. 내가 그들에게 관심을 더 주기 시작하고 그들이 점차 변화되어가는 내 모습을 보고 얼마나 행복해하는지를 보면서 나도 행복해졌다. 내가 얼마나 쓸데없는 데 신경 쓰느라 정작 소중한 사람들에게 관심을 쏟지 않았는지를 반성하면서 이제는 그렇게 살지 않으려고 노력 중이다.

그래서 여러분에게도 권하고 싶다. 별 관계도 없는 사람들의 눈에 신경 쓰지 말고 진짜 중요한 것에 신경 쓰라고 말이다. 당신의 SNS 팔로워가 당신에게 정말로 관심이 많다고 생각하는가? 사람들은 대리 만족을 얻기 위해 유튜브나 SNS 속 유명 인사의 팔로워가 될 뿐이다. 관심을 받기 위해 SNS에 이런저런 사진을 올렸을 때 남들이 많이 팔로우하고 '좋아요'를 누르면 기분이 좋아진다는 사람이 많다. 식당에서 음식이 나오면 일단 찍어서 올린다. 가족들과의 여행도 멋진 배경에서 찍어 올린다. 팔로우하는 사람은 이런 것을 보며 부러워하면서 대리 만족을 누린다. 여기까지는 괜찮다. 그러나 관심 인물이 자기 기대와 다른 행동을 하거나 질투심을 느끼게 되면 격렬한 분노를 악성 댓글로 표시하는 사람도 많으니 SNS 활동을 할 때도 주의를 해야 한다.

행복하게 사는 법 ② 나에게 중요한 가치를 지키기 위해 노력한다

행복하게 살기 위해 두 번째로 할 일은 당신에게 소중한 가치를 지키면서 그것을 최대한 누리기 위해 노력하는 것이다. 사람들에게 삶에서 가장 소중한 것이 무엇이냐고 물으면 보통 가족이나 건강을 많이 얘기한다. 아이러니하게도 가족을 위해 열심히 일하고 재테크를 하며 온갖 노력을 하는데도 정작 가족과의 소통은 별로 없다. 가족들이 어떤 생각을 하고 무엇을 원하는지, 요즘 힘든 일은 없는지 들어주지 않는 것이다. '가족'으로 묶여 있기에 모든 것을 알고 서로가 매우 가깝다고 생각하지만, 이미 소통과 대화는 없고 어느새 대화를 하기도 어색한 관계가 되어버리기도 한다.

배우자와의 관계도 그렇다. 배우자야말로 가장 대화가 많고 서로의 감정을 이해하면서 위로하고 격려해야 할 사람이지만, 가깝다는 이유로 가장 무시하기 쉽다. '우리는 한편이니까 내 마음 이심전심으로 알겠지.'라고 자기 마음대로 정해 놓고 편한 대로 생각한다.

아내가 가장 서운했던 순간이 내가 회사에서 사장으로 승진했다고 어머니에게 감사 화분을 보냈을 때였다. 나는 가깝다는 이유로 그날까지 물심양면으로 나를 도와온 아내에게는 아무런 특별한 감사의 표시도 하지 않았다. 우리는 한 팀이고 내게 좋은 일이 있으면 당연히 함께 나눌 테니 특별히 감사 표시를 해야 한다는 생각도 하지 않았다. 그 이후에도 아내는 내가 너무 자신에게 감사하지 않는다고 서운해했지만 나는 그 말이 무슨 뜻인지 오랜 기간 잘 몰랐다. 나는 마음으로 얼마나 감사하고 미안해하는지 표정만 보면 알 수 있는 것 아닌가 싶은 생각에 오히려 사람 마음을 그렇게 몰라주느냐고 성을 내곤 했다. 말하지 않고 행동으로 표시하지 않으면 아내는 당연히 알 수 없다는 것을 나는 몰랐다.

매일 본다는 이유로 서로 상처를 주고받아도 대화로 풀지 않고 '내 마음 알겠지.' 하고 그냥 시간을 보내다 보면, 그 상처에 딱

지가 앉아 굳은살이 되어 도저히 치유할 수 없게 된다. 그러다 돌이킬 수 없이 사이가 멀어지는 부부가 많다. 우리 부부의 경우, 아내가 중년 이후 상담심리학을 공부하면서 우리 상태를 정확하게 알게 되었고, 우리 부부 사이의 문제에 대해 나를 이해시키고 치유 과정을 함께했다. 오랜 기간 내 안에 굳어져 있는 인식과 습관이라 알면서도 나아지는 데 오랜 시간이 걸렸다. 지금도 가끔씩 예전 버릇들이 살아나 문제가 되긴 하지만 이제는 무엇이 문제인지를 알아서인지 문제 해결이 예전처럼 오래 걸리지는 않는다. 예전에는 아내와 별로 할 얘기가 없었다. 물론 아이들 문제나 경제적 문제 같은 '중요한 문제'인 경우에는 아내의 말에 관심을 가지고 듣고 의견을 나누었지만, 삶 속의 사소하고 시시콜콜한 얘기에는 별 관심을 기울이지 않았다. 그러니 아내는 부부간에 재미가 없다고 불만이었다. 요즘은 '친하다'는 것이란 별로 중요하지 않은 것을 얘기하면서 함께 시간을 보내는 사이라는 것을 알게 되었고, 아내와 그런 대화를 조금씩 하는 중이다. 그러다 보니 아내와 더 가까워지는 것 같고 사실 재미도 있다. 내가 강력하게 권하니 지금 할 수 있을 때 배우자와 더 가까워지기 바란다. 당신의 삶이 훨씬 풍성해질 것이다.

건강은 건강할 때 지켜야 한다는 말이 있다. 건강을 위해서는 우선 스트레스를 줄여야 한다. 지속적인 스트레스에 장사 없다. 스트레스를 덜 받고 안 좋은 음식을 덜 먹고, 정기적으로 운동하고 잠을 많이 자야 한다. 회사에 다닐 때 보니 임직원들은 30대가 가장 체력이 안 좋았다. 오히려 40대에서 50대 초반이 체력이 좋았다. 젊은 사람들은 바쁘게 살고 이런저런 사회 활동이 많아서인지 운동을 정기적으로 하는 사람이 많지 않은 반면, 40대가 되면 건강과 체력에 위기감을 느끼면서 술도 줄이고 정기적으로 운동을 시작해서 그런 것 같다. 나도 30대 중반까지는 운동을 하지 않다가 심각한 번아웃을 겪으면서 아침 운동을 시작해 30년째 계속하고 있다.

진짜 좋아하는 것을 하는 것도 중요하다. 남자든 여자든 먹고 사는 일만 하고 살아서는 인생이 너무 무미건조하다. 젊어서부터 여행을 가든 그림을 그리든 글을 쓰든 산을 오르든, 자기가 진짜 좋아하는 것을 발견하여 누리면서 살기 바란다. 세상 속에서 지치고 마음이 힘들 때 자기가 진짜 좋아하는 것을 누린다는 것이 얼마나 큰 행복인지는 정말 누려본 사람만 안다. 젊어서 이를 찾지 못하고 누리지 못한 사람은 나이 들어서도 마찬가지일 가능성이 높다. 어떤 취미든 실력이 일정 수준 이상 되어야 본격적으로 즐길 수 있는데, 나이 들어서는 거기까지 도달할 체력과 에너지가 없기 때문이다. 나는 내향적이라서 그런지 취미 생활을 해도 혼자 하는 것을 좋아했다. 운동을 해도 단체 운동보다는 혼자 하거나 한두 명이 어울려 하는 것을 좋아했다. 취미도 많지 않아 혼자 책 읽는 것이 취미였다. 그러다가 더 늦어지기 전에 좋아하는 것을 찾아봐야겠다 싶어 어렸을 때부터 하고 싶었던 로봇 개발과 무술 수련을 시작했다.

로봇 연구는 전문가들처럼 되고 싶은 것이 아니라 그저 좋아서 배우기 시작했다. 하드웨어도 처음에 장난감 수준에서 요즘은 대학원생의 연구용 로봇 수준으로 업그레이드했다. 소프트웨어는 인공지능 딥러닝과 강화 학습을 공부하여 다양한 시뮬레이션을 통해 스스로 장애물을 피하여 목표 지점까지 도달하도록 로봇을 훈련시키고 있다. 물론 내가 프로그램을 독자적으로 다 만드는 것은 아니고, 오픈 소스로 올라와 있는 소스 코드를 가져와서 내 로봇에 맞도록 수정, 변경하여 사용하는 것이지만, 이 과정에서 부딪히는 수많은 문제들을 몇 주씩 고민하다 해결책을 발견할 때의 성취감과 희열이 만만치 않다. 무술 수련도 학창 시절 잠시 하던 고전 무술을 다시 시작했는데 벌써 7년이 다 돼간다. 함께 배우는 젊은 동료 수련생들에 비하면 배우는 속도도 느리고 실력도 별로지만 그들과 함께 똑같이 수련하고 훈련한다. 동료들도 처음에는 나이 많은 사람이 얼마나 갈까 생각했을 수도 있지만 이제는 어떻게든 함께 같이 가자고 많이 도움을 주고 있다. 나도 그들에게 형님 소리 들으면서 함께 수련하는 것이 너무 즐겁다.

소중한 사람과의 관계도, 건강도, 자기가 좋아하는 것을 찾는 것도 모두 지금이 '골든 타임'이다. 중요하다고 느끼는 순간부터 생활을 바꿔야 한다. 쓸데없이 남의 눈을 의식하거나 비교하는 것은 그만두고, 소중한 것에 시간과 에너지를 쓰면서 지금의 매 순간을 누리기 바란다.

또한 나에게 소중한 가치를 지키기 위해서는 목표에 너무 얽매이지 않아야 한다. 예를 들어 올해는 자격증을 따고, 3년 내 승진하고, 5년 내 집을 장만한다 같은 목표를 세우더라도 이를 위해 현재의 소중한 것들을 나중으로 미루지 말라는 얘기다. 물론 나도 그렇게 살았었다. 이번 목표만 이루면 소중한 사람들과 시간을 보내며 행복하게 지내겠다고 다짐하지만, 목표에 얽매인 삶이 습관이 되면 그게 쉽지 않다는 게 문제다.

돈을 모으는 것도 그렇다. 얼마를 모으는 것을 인생 목표로 삼고 그만큼 모으면 이제는 가족들과 시간을 더 많이 보내고 마음 편히 지내보자고 작정해도, 어느 날 목표 금액을 달성하면 만족할 것 같은가? 대부분은 그렇지 않다. 불과 며칠만 지나도 남들에게 뒤처질 것 같은 불안과 조급증이 몰려온다. 뭐라도 해야 마음이 편하다. 목표를 달성한 후에는 더 높은 목표를 세우고, 이를 달성하기 위해 다시 소중한 것들을 뒤로 미룬다. 새로운 목표를 달성하고 나면 이번에는 소중한 것들을 누리기 시작하는가 하면, 결코 그렇지 않다. 항상 더 높은 목표가 생기기 때문이다. 막상 나중에 소중한 사람들을 챙기려 해도 이미 관계가 완전히 망가져서 회복이 불가능하거나 떠나버린 경우가 대부분이다.

그래서 젊어서부터 이 악순환의 고리를 끊어야 한다. 그 대신 시간이 흘러 자연스럽게 좋은 결과가 나타나게 되는 삶의 루틴을 만들기 바란다. 예를 들어 매일 운동하기, 업무와 관련된 공부하기, 중요하거나 새로운 일에 적극적으로 참여하기 등이 좋은 삶의 루틴의 예가 될 것이다.

행복하게 사는 법 ③ 마음속 상처를 드러내고 치유받는다

마지막으로, 마음속 깊은 곳에 상처가 있다면 이를 드러내고 치유받기를 권한다. 이런 상처는 특정 상황에서 이유 없이 격한 분노를 표출하게 하여 인간관계를 망치고 깊은 우울과 불행을 가져올 수 있다. 문제는 이런 마음의 상처가 잘 드러나지 않아 본인도 의식하지 못하고 살아왔을 가능성이 높다는 것이다. 만일 별다른 이유 없이 크게 화가 난다거나, 어떤 사람을 미워하거나, 심하게 불안해진다면, 과거 어느 시점에 큰 상처를 입었지만 스스로를 보호하기 위해 망각하거나 왜곡해서 기억하고 있을지도 모른다.

나는 아버지가 일찍 돌아가셔서 어머니 혼자 어린 삼 남매를 키우느라 고생이 많으셨다. 어머니는 스트레스를 건강하게 처리할 방법을 찾지 못하셨던 것 같다. 힘든 날은 주변 사람들과 자녀들에게 히스테리를 부리셨다. 이모들을 포함한 주변 어른들은 "젊었을 때 남편을 잃고 오죽하면 저럴까?" 하며 어머니 기분을 맞춰주곤 하셨다. 문제는 나를 비롯한 자녀들도 이런 히스테리의 대상이 되었다는 것이다. 히스테리의 대상이 되는 사람은 과도한 관심과 비난으로 인해 심리적 부담과 스트레스가 크게 증가하는데 특히 아직 어린 아이들의 경우엔 정서적 불안정, 자존감 저하, 대인관계 문제 등을 초래할 수 있다. 성인이 되어서도 정신건강에 부정적인 영향을 미쳐 불안, 우울증 등의 증상이 나타날 수 있다.

성인이 된 후에도 나는 오랜 기간 그 후유증에 시달렸다. 내 마음속에는 깊게 뿌리박힌 상처와 그로 인한 강한 공격성이 자리잡고 있었다. 젊은 시절에는 불의에 대한 분노와 겹쳐져 길을 지나가다가도 누군가 억울하게 당하는 모습을 보면 과도하게 흥분하며 참견하곤 했다. 권위를 내세우는 사람에게도 지나치게 적대감을 표출했고, 이는 때때로 나 자신을 더 외롭게 만들었다.

사회생활을 시작하면서 점차 사회적 기술을 익히게 되었고 마음속의 분노를 삭이는 법과 표출하지 않는 법을 배우며, 그 공격성을 일에 쏟아부었다. 이러한 성향 덕분에 어려움에 부딪혀도 움츠러들지 않는 강한 성격을 가지게 되었고, 일에서는 큰 도움이 되었지만, 내면의 갈등과 고통은 여전했다. 업무적으로 성공을 거두면서도 마음 한편에 자리한 상처는 여전히 나를 괴롭혔다.

그러던 중 상담을 통해 내가 왜 어머니와 심정적으로 가까워지지 못했는지를 알게 되었다. 어릴 적부터 쌓인 오해와 상처가 우리의 관계를 가로막고 있었음을 깨달았다. 이를 인정하고 받아들인 후, 나는 어머니와의 관계를 개선하려고 노력했다. 어머니가 돌아가시기 전 몇 년간은 훨씬 더 좋은 관계를 유지할 수 있었고, 덕분에 내 마음도 한결 행복해졌다.

이제는 여러분에게도 말하고 싶다. 마음속 깊은 곳에 상처가 있다면 지체하지 말고 상담 전문가의 도움을 받으라. 나 자신을 치유하는 과정에서 얼마나 많은 위로와 평안을 얻을 수 있는지, 그리고 삶이 얼마나 더 행복해질 수 있는지를 여러분도 느낄 수 있을 것이다.

상처를 외면하지 말고, 용기 있게 마주하라. 그 과정은 고통스러울지 모르지만, 그 끝에는 분명히 더 나은 삶이 기다리고 있다. 자신의 내면과 화해하고, 진정한 행복을 찾을 수 있기를 바란다.

인문학을 공부하여
자신만의 관점을 가진다

우리는 성장하면서 자신과 삶에 대해 많은 의문을 가지게 된다. 나는 어떤 존재인가, 어떻게 살아야 하나, 내게 진정 중요한 것은 무엇인가, 무엇을 위해 살아야 하나, 무엇이 옳은 것인가, 다른 사람을 어떻게 대할까 등 수많은 질문들이 떠오른다. 이런 질문들과 관련된 학문이 문학, 역사, 철학 등으로 대표되는 인문학이다. 동양의 전통 학문은 물론이고 서양 학문의 기본 또한 인문학이다. 과학도 과거에는 철학의 한 분야로 인문학의 일종이었다.

인문학을 공부할 때 좋은 점은 다른 사람의 생각을 깊이 이해하고 비판적인 시각을 가질 수 있게 되는 것이다. 그리스 로마 시대의 지도자들은 사회적 이슈에 대해 토론장에서 자신의 의견을 주장하고 토론에 이기기 위해 수사학과 논리학을 공부했다. 남의 얘기를 듣거나 글을 읽을 때, 무엇을 주장하고 어떤 근거로 그런 주장을 하는지를 이해하고 해당 근거의 타당성을 사실과 데이터를 가지고 검증 및 비판하는 것이 현대 학문의 가장 중요한 방법이다. 교사가 글의 구조와 내용에 대해 설명하면 이를 그대로 받아들여 시험에 정답을 고르는 것만을 열심히 해온 사람은 다른 사람의 생각을 비판적으로 이해하기 어렵다.

지금도 미국이나 유럽의 명문 중고등학교에서는 역사와 철학에 관한 수많은 책을 읽게 하고, 그에 대한 자기 생각을 쓰는 것을 과제로 준다. 교사는 많은 시간을 할애해 이에 대한 피드백을 해준다. 수업은 학생들 중 한두 명이 과제로 받은 책에 대한 자기 생각을 정리한 글을 발표하고, 다른 학생들이 이에 대해 질문하며 토론하는 방식으로 진행된다. 대학도 대형 종합대학뿐 아니라 리버럴 아츠 칼리지Liberal Arts College라고 하여 취업이나 기술 습득이 아닌 폭넓은 인문 지식과 교양 및 지적 능력 개발을 목표로 하는 소규모

대학도 유명한 곳이 많다. 물론 인문학을 전공해서는 미국에서도 취업이 어려워 복수 전공을 하거나 대학원에 진학하여 공학, 의학, 법률 같은 전문 지식을 배우는 경우가 많다. 하지만 대학 1, 2학년의 교양 과정에서는 의무적으로 인문 도서를 읽고 책에 대한 자기 생각을 쓰고 토론하며, 인간의 삶을 둘러싼 여러 상황과 그 속에서 어떤 생각을 가지고 살아가야 하는지에 대해 스스로 생각하는 훈련을 많이 한다.

유럽이나 미국의 유명 대학으로 유학 간 한국 학생들이 가장 어려워하는 부분이 바로 이 대목이다. 어떤 주제에 대해 자신의 생각을 정리하여 발표하거나 작성하라는 과제를 받으면 막막해한다. 심지어 수업 중 교수가 주제와 관련된 질문을 하라고 하면 현지 학생들은 다양한 질문을 많이 하지만, 한국 유학생들은 침묵한다. 현지 학생들의 질문이 때로는 사소하거나 엉뚱해 보일 수도 있지만, 교수의 말이 반드시 옳지 않을 수도 있다는 전제로 하는 질문인 경우가 많다. 우리는 이러한 비판적 사고를 통해 독자적인 생각을 만들어가는 훈련을 받을 기회가 많지 않았다. 그래서 처음 수업을 들을 때는 시험도 잘 보고 순조롭게 나가다가 막상 논문을 작성하는 단계에 이르면 난감해하는 사람이 많다.

인문학을 모르면 남에게 휘둘리기 쉽다

우리는 성장하면서 삶의 중요한 질문을 던지고 이에 대해 스스로 생각하는 훈련을 받을 기회가 거의 없었다. 이런 질문들은 대한민국에서 높은 성적을 얻어 좋은 대학교에 진학하는 데 필요하지 않기 때문이다. 문학, 철학, 역사 등을 공부하기는 하지만 시험 문제에서 정답을 맞히기 위한 지식으로만 공부할 뿐이다. 고등학교 시절, 삶의 의미와 가치에 대한 의문이 들더라도 대학에 들어갈 때까지는 생각하지 말고 나중에 관련 책을 읽고 생각해보겠다고 미루는 경우가 많다. 그러나 대학에 가서도 상황은 크게 달라지지 않는다. 취업이나 대학원 진학에 필요한 지식이나 기술을 배우지만, 자신만의 가치관과 철학을 세우기 위한 공부는 하지 않는다. 그래서 삶의 의미와 가치에 대한 자기 나름의 생각이 부족하다. 유튜브나 SNS에서 보이는 남들의 잘 사는 모습에 쉽게 휘둘리게 된다. 이는 삶에 대한 성찰과 철학을 세울 기회가 부족했기 때문이다.

인문학은 삶에 여러 가지로 도움이 된다. 먼저 인문학은 비판적 사고 능력을 향상시킨다. 철학, 역사, 문학 등의 인문학적 탐구를 통해 다양한 관점에서 사물을 바라보고 분석하는 능력을 키울 수 있다. 이는 일상생활에서 문제를 해결하거나 중요한 결정을 내릴 때 더 깊이 있는 이해와 통찰력을 제공해준다. 예를 들어 역사적 사건들을 연구함으로써 현재의 사회적·정치적 이슈를 더 잘 이해할 수 있고, 문학 작품을 통해 인간의 감정과 행동을 더 깊이 이해할 수 있다.

또한 인문학은 감성과 공감 능력을 키운다. 문학, 예술, 철학 등을 통해 인간의 경험과 감정을 탐구함으로써 타인에 대한 이해와 공감을 배울 수 있다. 이는 사회적 관계를 형성하고 유지하는 데 중요한 역할을 한다. 예술 작품이나 문학을 감상하면서 타인의 입장을 이해하고 그들의 감정을 공감하는 능력은 개인의 정서적 발달뿐만 아니라, 직장이나 공동체 내에서의 협력과 소통에도 긍정적인 영향을 미친다.

이제라도 철학, 윤리학, 역사, 문학 등 인문학을 폭넓게 공부하자. 과학책도 좋다. 고급 대화에 끼기 위한 지식을 얻으려는 저급한 목적이 아니라 실제 삶 속에서 부딪히는 문제들에 대한 나만의 생각을 가지기 위해 책을 읽자. 책을 읽으면서 저자가 말하고자 하는 내용을 정리하고, 그 의견에 동의하는지, 동의하지 않는다면 왜 그런지 이유를 정리해보자. 이런 생각들이 모이면 그것이 여러분 나름의 세상과 인간을 보는 관점이 된다. 이런 훈련을 거친 사람은 다른 사람의 선동과 프레임에 쉽게 흔들리지 않는다. 자기 견해를 얘기할 때도 명확한 근거를 제시하기 때문에 다른 사람의 동의와 지지를 받기가 용이하다.

우리 사회는 고령화, 저출산, 저성장, 양극화, 높은 자살률 등 급속한 산업화로 인한 부작용으로 힘든 상황에 처해 있다. 모두가 극한 경쟁으로 힘들어할 때, 사회 전체적으로 이를 해결하기보다는 각자도생으로 살 길을 찾고 있다. 이럴 때 필요한 것이 바로 시민의식이다. 권력자가 다스리는 대상인 백성이나 국민이라는 개념은 익숙하지만 시민이라는 개념은 낯설다.

고대 그리스에서 시민은 병역, 조세 의무와 함께 지도자를 선출하고 정당한 재판을 받을 권리를 가진 사회의 동등한 구성원이었다. 선출된 지도자는 일정 기간 후 일반 시민으로 돌아가는 것이 당연시되었다. 전쟁이 나면 시민들은 자비로 마련한 무기와 식량을 지참하여 참전했다. 이들은 시민들을 믿고 존중했다. 그리스 사회가 당면한 여러 도전에 대해 각자도생이 아닌 시민 사회 전체가 해결 방향을 모색하고, 결정된 방향에 대해 시민으로서의 의무를 다했다.

급속한 노령화나 저출산, 낮은 생산성 등 우리 시대의 심각한 문제들은 각자도생만으로는 해결할 수 없는 문제들이다. 따라서 민주적 시민의식을 내면화한 시민들이 많이 나와서 공공의 문제를 해결하는 데 참여할 필요가 있다. 예를 들면 바람직한 사회 개혁 방향을 제시하는 정치 세력을 지지하거나 자원봉사하는 것이다. 또한 각급 학교에서 인문학을 단순 암기과목으로 취급하지 말고, 시민 사회의 구성원으로서의 소양을 배우도록 해야 한다. 학생 자치 활동이나 진정한 의미에서의 자원봉사 활동을 활성화하여 이를 체험하고 내면화하도록 하는 것이 중요하다.

진정한 경제적 자유를 확보한다

'완전하게 일하기'로 전문 분야에서 평판을 쌓는다

요즘엔 재테크와 경제적 자유가 최대의 관심사이다 보니 일해서 돈을 버는 것을 낮춰보는 경향이 있지만, 평생 일해서 돈을 벌 수 있는 능력이 최고의 자산이라고 생각한다. 회사에서 자기 분야의 전문지식과 역량을 가질 수도 있고, 특별한 기술을 통해 자영업을 할 수도 있다. 사람들이 필요로 하는 능력을 가지고 있는 한 구조조정이나 명예퇴직을 두려워할 필요가 없다. 시간이 지나면 누구나 할 수 있는 일반 관리직만 열심히 하는 것은 위험하다. 특히 대기업에서는 아무리 일을 잘해도 전체 시스템의 극히 일부를 맡아 처리하고 있다는 점을 잊지 말아야 한다. 언제든지 더 젊고 비용이 덜 드는 사람으로 대체될 수 있다.

언제든지 회사를 그만둬도 외부 시장에서 해당 분야의 전문가로 인정받을 수 있도록 실력과 평판을 쌓아야 한다. 이를 위해 관리자나 경영자가 되더라도 현업에서 손을 놓지 말아야 한다. 기술 동향을 파악하는 일을 부하 직원들에게 의존하지 말고 스스로 공부하고 어려운 문제는 직접 해결해야 한다. 새로운 업무를 맡으면 기존 방식을 비판적으로 검토하여 성과 향상의 가능성을 모색하고, 새로운 기술이나 아이디어를 작은 규모로 실험하여 효과가 검증되면 확대 적용을 하는 등 혁신을 위해 지속적으로 노력해야 한다.

대기업에 다니면서 이후 상황에 따라 중소기업에 취업하게 되거나 자기 사업을 해야 할 때를 대비하는 또 하나의 방법은 자기가 맡은 일에 대해 '완전하게 일하기Complete Work'를 체질화하는 것이다. 이는 내가 조직에서는 공식적으로는 아주 작은 부분을 맡고 있지만 적어도 내 인식에서는 내 업무 범위와 책임을 훨씬 크게 잡는 것을 말한다. 예를 들면 내가 우리 회사 제품에 대한 고객의 불만을 대응하는 업무를 맡고 있다고 할 때 혹자는 불만 고객에 대한 대응을 하고 이를 데이터화해 정기적으로 보고하는 것을 자기 업무라고 생각한다. 그런데 누군가는 관련 부서를 설득하여 해당 불만 사항에 대한 근본 원인을 찾고 이에 대한 대책을 세우도록 하여 실제 개선이 일어나도록 하는 한편 이를 고객과 소통하여 만족시키는 것까지를 전부 자기 업무라고 생각하고 일한다고 하자. 후자의 경우 이렇게 5년을 일한 사람은 어떤 일을 맡겨도 기대 이상으로 해낼 것이다. 이렇듯 완전하게 일하기를 체질화한다면 수많은 업무를 해야 하는 중소기업의 부서장으로 가든 자기 사업을 하든 아무런 문제가 없다. 환경이 어떻게 바뀌어도 소득 흐름을 만들어 낼 수 있다.

거기에 자신의 분야에서 최고라는 평판을 얻도록 노력하자. 내가 이용하는 이발소의 주인은 수십 년을 한 자리에서 혼자 이발소를 운영하고 있는데 워낙 이발 솜씨가 좋아 단골이 많다. 이발소가 위치한 상가가 재건축되는 대형 아파트 단지 옆이라 거기에 사는 고객들이 전부 이사 갔지만 단골들이 차를 타고 멀리서 오기 때문에 손님은 전혀 줄지 않았다. 거기에다 점포도 예전에 분양받았고 종업원도 없이 혼자 하니 코로나 시절에도 거의 타격이 없었다고 한다. 이는 자기 분야에서 전문가로 인정받아 평생 일해서 돈 벌 수 있는 능력이 최고의 자산임을 보여주는 사례다.

경제적 독립의 첫발자국은 저축과 투자다

일단 일해서 돈을 벌기 시작하면 그다음으로는 소득에 맞춰 지출하고 일부를 저축해야 한다. 미디어에서는 경제적 독립을 이루려면 연봉이나 재산이 일정 수준 이상이어야 한다는 등의 의견이 많다. 하지만 이는 대부분 헛소리에 불과하다. 얼마나 써야 만족할지 모르는 상황에서 특정 금액을 언급한 조언은 사람들을 돈에 사로잡히게 만든다. 이런 얘기에 현혹되어 '인생 한 방'이라든지 '인생 목표가 건물주'라든지 '의사는 고소득이니 내 아이는 무조건 의대에 보내야 한다'는 등의 생각으로 감당할 수 없는 일을 벌여 사기를 당하는 경우도 있고 무리한 사교육으로 자녀가 정서적으로 힘든 시기를 보내는 경우도 있다.

경제적 독립의 첫걸음은 더 벌어야 할 금액을 계획하는 것이 아니라 현재 소득에서 얼마나 지출하고 얼마나 저축 또는 투자할지를 결정하는 것이다. 수입과 지출을 정확히 파악하고 이렇게 모은 돈을 아껴 주택 융자금 상환과 국민연금, 그리고 형편이 된다면 기타 연금에 사용해야 한다. 미디어에서 '집 장만에 30년이나 걸린다.', '노후 준비하려면 몇 억은 필요하다.' 등의 말에 현혹되지 말자. 선진국에서도 집값의 10~20%를 선수금으로 내고 고정 금리로 30년 장기 융자를 받아 갚아나간다. 선진국 사람들은 은퇴할 때까지 융자를 다 갚은 집 한 채와 국민연금에 해당하는 공적연금, 그리고 개인연금으로 생활한다. 은퇴 후 집을 팔아 집값이 싼 남부 지방으로 이사 가서 연금과 집값 차익으로 은퇴 생활을 하기도 한다.

물론 이들의 연금은 은퇴 전 소득의 상당 부분에 해당하기 때문에 평균 지급액이 월 60~70만 원에 불과한 한국 국민연금보다 많다. 따라서 우리는 국민연금 외에 개인연금과 퇴직연금까지 확보하려는 노력을 해야 한다. 개인연금까지 저축할 형편이 안 된다면 주택연금이라는 좋은 제도를 활용할 수도 있다. 사망하면 소유 주택을 보험사가 처분하는 방식으로, 사는 날까지 연금을 받을 수 있다. 젊어서부터 소득에 맞춰 지출하면 직급이 올라가고 경력이 쌓여 소득이 올라 더 큰 집으로 이사 가거나 여타 금융자산에 투자할 수 있으면 더 좋겠지만 그렇지 않아도 노후에 편안한 삶을 누릴 수 있다.

당장 이달 쓸 돈도 빠듯한데 어떻게 저축하고 투자하느냐고 묻는다면 질문 자체가 잘못됐다. 예금이나 금융자산 투자는 못 해도 국민연금이나 개인연금, 주택 대출 원리금 상환 등을 일종의 저축이라 생각하고 생활을 그에 맞춘다. 초등학생 자녀에게는 값비싼 사교육보다는 시나 구청에서 제공하는 어린이 프로그램을 활용하는 것이 나을 수 있다. 학원에서 틀에 박힌 것을 배우게 하기보다는 아이들의 탐구심을 자극하고 글을 쓰거나 그림을 그리게 하는 것이 더 나을 수도 있다.

미국에 사는 큰딸은 30년 융자를 받아 생애 첫 집을 산 후 외식을 줄이고 남편이 요리를 배워 자녀들과 함께 요리하는 가족 이벤트를 자주 한다. 인테리어 공사를 부부가 계획을 세워 하나하나 배워가며 스스로 한다. 얼마 전에는 뒤뜰 정자에 바닥재를 사다 직접 시공했다며 사진을 보냈다. 우리가 선진국 얘기를 하며 인건비가 비싸서 웬만한 건 집주인이 한다고 들었던 이야기들이다. 선진국이 되면 서비스 요금이 올라가면서 블루칼라도 먹고살 만해져 사회 전체가 잘살게 된다. 그러니 서비스 요금 비싸진다고 분노하지 말고, 우리도 웬만한 집안일은 스스로 해결하는 방법을 찾아야 할지도 모른다. 중요한 건 가족과 함께 이런 문제를 스스로 해결하는 가운데 행복을 느끼고 소중한 것들을 누리면서 사는 것이다.

우리의 모습은 어떤가? 무슨 수를 써서라도 돈을 많이 벌어 자녀 교육비를 대고 외식하며, 집안일은 전부 남에게 맡긴다. 빨래나 청소, 음식 배달도 돈을 주고 해결한다. 집도 남들이 '국민 평형'이라 부르는 평수를 무리해서 구매하고, 융자금과 이자를 갚고 나면 매월 돈이 부족하다. 내가 능력이 부족하면 부모에게 손을 벌리거나, 능력이 안 되는 부모를 원망하기도 한다. 그렇게 생활하다 은퇴하면 노후 자금도 없고, 가족과 쌓아온 관계도 아무것도 없다.

자신의 경제적 독립을 위해서는 젊을 때부터 자녀를 위해 무리한 지출을 하는 것을 피해야 한다. 사교육비도 그렇고, 자기 은퇴자금을 털어 자녀의 혼수나 집 마련해주고 자신은 노후에 빈곤에 허덕이는 것은 정말 하지 말아야 한다. 차라리 자녀에게 어려서부터 경제 교육을 시키고, 소비와 저축, 투자를 규모 있게 하는 훈련을 시켜주는 것이 그들에게 실질적으로 도움이 되는 일일 것이다. 다 큰 자식이 결혼이나 사업을 핑계로 부모에게 손을 벌린다면 그런 정신 상태로 자기 앞가림을 제대로 하기 어려울 것이다.

돈 버는 기계 취급받는다고 푸념하지 말자. 경제적 독립을 하겠다고, 남들이 얘기하는 만큼 벌고 재산을 모아야 한다고 생각하면 끝없이 허덕이다 인생을 다 보낼 것이다. 내가 버는 만큼에 맞춰 자신에게 정말 소중한 것들을 지키며 행복하게 사는 방법을 찾아야 한다.

가짜에 대한 면역력을 키운다

사기와 가짜 뉴스가 판치는 세상이다. 고가의 차를 몰고 명품을 일상적으로 사용하는 사람이 알고 보면 주가 조작, 폰지 사기, 다단계 사기, 전세 사기, 취업 사기 등 각종 사기로 생계를 이어가는 사람이라는 뉴스를 자주 접한다. 피해자들은 다양한 이유로 그들을 믿고 돈을 맡겼다고 한다. 심지어 신분증과 인감도장을 맡겨 원금 손실은 물론 엄청난 빚까지 지는 경우도 있다. 이런 일을 당하지 않으려면 어떻게 해야 할까?

규정과 절차를 절대 무시하지 말자

우선, 고지식하게 규정과 절차를 지키자. 내가 직장 생활을 오래하면서 체득한 것 중 하나는 나쁜 일은 언젠가는 일어난다는 것이다. 규정과 절차가 쓸데없이 복잡해 보여도, 나쁜 일을 당하고 싶지 않다면 절대 무시하면 안 된다. 여러 가지 거래 내용을 계약서에 담자고 하면 "나 못 믿느냐."라고 하는 사람이 있다. 그 순간 당신 머릿속에는 비상벨이 울려야 한다. 회사 일이야 공적인 규정이 있으니 규정대로 할 수밖에 없다고 하면 대부분 수긍하고 따른다. 그런데도 갑의 위치에 있는 회사가 우기면 울며 겨자 먹기로 따라가다 나중에 크게 손해 보는 일들이 있다.

개인 생활에서는 더 심각하다. 또한 많은 경우 개인은 주식이나 부동산 관련 제도에 대해 잘 모른다. 금융기관 관련 사항도 잘 모른다. 그럴수록 관련 제도나 규정을 공부하고 확인하고 계약해야 한다. 그런데 현실은 많은 사람이 그렇게 하지 않고 투자처나 중개인 말만 믿고 따라가다가 큰일을 당한다. 항상 사기와 거짓의 가능성을 염두에 두고 문서를 확인하고 가능하면 보험을 들어둔다. 소심하다고 말할 수 있겠지만, 오래 사회생활을 하다 보면 세상이 겉으로 보이는 것이 다가 아님을 알게 된다. 모든 계약이나 거래는 그 내용을 본인이 확인해야 한다. 나는 증권회사나 투자자문사에 자기 재산에 대한 투자를 전적으로 맡긴다는 사람을 이해할 수 없다. 하물며 투자 컨설턴트라며 아무런 공식적 자격이 없거나 공신력 있는 금융기관 소속도 아닌 사람들의 그럴싸한 얘기만 믿고 돈을 보내 불려달라는 사람도 이해하기 어렵다. 집을 사든 전세를 얻든 주식이나 채권에 투자하든 항상 사기당할 수 있다는 것을 염두에 두고 믿을 만한 공인중개사나 금융기관을 통해서 거래하고 관련된 서류를 직접 확인한 후 서명하는 것을 습관화하자. 그래도 작정하고 사기 치는 사람에게 당하기 쉬운 세상이다. 필요하면 관련 보험도 들어둔다.

또한 정보의 출처를 항상 확인하자. 오늘날 정보는 넘쳐나지만 그중 진실은 드물다. 특히 소셜 미디어나 인터넷 포럼에서 얻은 정보는 반드시 검증할 필요가 있다. 유명하다는 이유만으로 무작정 믿지 말고 여러 출처를 통해 교차 검증하자. 금융 관련 정보는 특히 더 주의해야 한다. 금융 기관의 공식 사이트나 공신력 있는 뉴스 매체를 통해 확인된 정보만을 신뢰하자. 필요하다면 전문가의 의견을 구하고, 그 전문가의 신뢰도도 철저히 검토해야 한다. 이렇게 정보의 진위를 파악하는 습관을 들이면 사기와 거짓에 당하는 일을 줄일 수 있다.

로우 리스크 하이 리턴Low Risk High Return은 없다

다음으로, 상식에 맞지 않는 수익에 탐욕을 부리지 말자. 세상에 수익이 엄청나면서도 절대 안전한 투자는 없다. 경제학의 기본 원칙 중 하나는 높은 수익을 기대할 수 있는 자산은 높은 리스크를 동반한다는 것이다. 다시 말해 주식이나 코인은 단기간에 큰 돈을 벌 수 있지만 한순간에 모든 것을 잃을 수도 있다. 반면 국채는 국가가 지불을 보증하므로 안전하지만 이자가 낮다(이는 채권을 만기까지 보유했을 경우에 해당하며, 중간에 채권을 팔면 주식만큼이나 가격 변동이 심해 큰 손실을 볼 수도 있다). 대출까지 받아가며 주식이나 코인, 부동산 등에 투자하면 자산 가격이 상승할 때 수익률이 높지만, 가격이 떨어지면 원금마저 잃을 위험이 크다.

누군가가 어디에 투자하면 엄청난 수익을 내면서도 잃을 가능성이 없다고 말하면, 십중팔구는 엉터리이거나 사기일 가능성이 높다. 주변의 누군가가 벤처기업에 투자해 큰돈을 벌었다면, 이는 왕창 돈을 잃을 위험을 감수하고 한 일이 운이 좋았던 것이다. 예를 들어 그 회사가 신제품 출시에 실패하여 주가가 폭락해 투자금을 날렸다고 해도, 원래 그런 위험을 알고 투자한 것이니 너무 슬퍼할 필요는 없다. 그것이 시장의 원리다. 절대로 잘 모르는 파생 금융상품이나 코인 등을 엄청난 이익을 얻을 수 있다는 말에 솔깃해 사지 말자. 원금을 날릴 가능성이 크기 때문에 잘 되면 수익이 크지만 이는 투자가 아니라 거의 도박에 가깝다. 그것도 내가 많이 벌면 누군가는 피눈물을 흘리는 도박이다. 피눈물 흘리는 사람이 당신이 될 가능성도 그만큼 크다는 얘기다.

건전한 투자는 자신이 감당할 수 있는 정도의 자산을 한 군데에 몰아넣지 않고 분산투자하는 것이다. 분산투자의 구성에 따라 리스크와 기대 수익률이 달라진다. 본인의 상황에 맞는 리스크와 기대 수익률에 따라 분산투자의 구성을 조절하는 것이 현대 투자 이론의 핵심이다.

투자를 결정할 때는 장기적인 안목을 가지는 것이 중요하다. 단기적인 이익에 집착하기보다는 꾸준히 성장할 수 있는 자산에 투자하는 것이 현명하다. 단기적인 변동성에 흔들리지 말고, 장기적인 성장 가능성을 보고 투자해야 한다. 예를 들어 주식 시장은 단기적으로는 불안정할 수 있지만, 장기적으로는 경제 성장에 따라 상승하는 경향이 있다. 따라서 단기적인 손실에 연연하지 않고 장기적인 목표를 가지고 투자를 지속하는 것이 중요하다. 이는 투자에서 성공하는 가장 중요한 원칙 중 하나다.

경제 상식을 공부해 사기꾼을 피하자

마지막으로, 잘 모르는 것을 믿고 손대지 말자. 많은 사기 사건은 신뢰할 만하다고 생각했던 사람에게서 발생한다. 노후 준비를 충분히 하지 못해 불안해하며 단기간에 큰 돈을 벌 수 있는 특별한 방법을 찾다가 사기에 걸려드는 경우가 많다. 만약 정말로 돈을 많이 버는 투자 전문가라면 부자들과 상대할 일이지 일반 사람들의 투자금을 유치할 이유가 없다. 당신이 특별해서 기회를 준다는 사람은 대부분 사기꾼이다. 나를 못 믿느냐고 심리적 압박을 가하는 사람은 더욱 위험하다.

경제 상식을 평소에 공부하고 상식에 어긋나는 사람은 무조건 피해야 한다. 사기꾼이 아니더라도 많은 금융기관과 전문가들이 고객의 이익보다 자신의 이익을 우선시하는 경우가 많다. 번듯한 금융기관이 중개하는 고위험 상품을 노인층에게 강요하다시피 판매하는 일도 빈번하다. 이러한 상품은 정기 예금보다 1~2% 높은 수익률을 약속하지만, 시장 상황에 따라 원금의 상당 부분이 날아 갈 수 있다.

유튜브는 물론 주류 미디어도 광고를 많이 주는 기득권 세력의 이익에 경도될 수 있다. 대표적인 것이 건설업계를 은근히 편들어주는 것이다. 예를 들어 집값이 내려가면 분양이 잘 되지 않고 분양가도 낮아지기 때문에 언론은 집값이 바닥을 쳤다거나 오를 일만 남았다는 식의 기사를 내보내는 경우가 많다. 이런 기사들은 실제로는 몇 건 안 되는 거래를 부풀리거나, 안 좋은 소식은 잘 다루지 않는다. 주요 방송이나 신문은 기본 사실을 확인하지만, 과장과 거짓으로 구독자를 끌어들이려는 유튜브 채널도 많다.

따라서 투자를 결정할 때는 항상 자신이 잘 아는 분야를 선택하는 것이 중요하다. 무작정 남의 말을 믿고 투자하기보다는 자신이 충분히 이해하고 있는 분야에 투자해야 한다. 만약 새로운 투자 기회를 발견했더라도 철저한 조사를 통해 신뢰할 만한 정보와 전문가의 의견을 종합해 신중하게 결정해야 한다. 이렇게 하면 사기와 불필요한 위험을 피할 수 있다.

새로운 것,
내 생각과 다른 것에 대한
호기심을 잃지 않는다

뭐 하나쯤에는 마니아가 되어보자. 삶의 즐거움 중 하나는 항상 호기심을 가지고 이를 충족시키는 것이다. 자연의 변화를 관찰하며 그 흐름을 파악하거나, 우주와 생명의 기원에 대해 관심을 가지고 관련 대중 과학서나 동영상을 보는 것도 좋다.

내 경우, 인공지능의 작동 원리를 공부하며 로봇을 만들어보고 있다. 문과 출신이라 수학 공부가 어렵긴 했지만, 마음먹고 한두 달 공부하니 할 만했다. 수학적 배경을 어느 정도 갖추고 공부하니 미디어에서 설명하는 것보다 개념을 더 확실히 이해할 수 있어 매우 즐거웠다. 어떤 분야에 관심이 생겼다면, 피상적인 정보에 그치지 말고 깊이 공부해 보길 권한다. 처음에는 막막해도 공부하다 보면 길이 열리고 구체적인 내용을 알게 될 것이다.

업무에서도 새로운 방식이 더 효과적일 것 같으면 시험 삼아 새로운 방식을 시도해보자. 상식에 도전하는 것은 새로운 사업 기회나 개선 기회를 찾는 데도 유용하다. 지금 제공하고 있는 제품 혹은 서비스의 매출이 괜찮아도 언젠가는 더 싸고 더 고객에게 어필하는 제품과 서비스가 나타날지 모르니 항상 새로운 고민을 해야 한다. 새로운 것을 생각할 때는 어떻게 하면 극한 고객까지 충족시킬지 찾는 것도 좋은 방법이다.

'극한 고객'은 한때 세계적으로 유행했던 IDEO라는 디자인 연구소의 '디자인 씽킹design thinking'의 핵심 아이디어다. 극한 고객이란 제품에 대해 원하는 것이 너무 극단적이라 충족시킬 방법이 없거나 충족시키기 위한 비용이 너무 비싸 실제 제품 개발이나 영업에서 도외시하는 고객을 말한다. 예를 들어 어떤 전자 기기를 사는데 수명 내내 배터리 교환이 필요없어야 한다고 생각하는 고객이 있다고 하자. 그리고 우리 회사는 이 고객을 포기하지만 누군가 경쟁사가 새로운 방식으로 이를 해결한 제품을 우리 회사 제품 가격으로 내놓았다고 하자. 이전까지는 그런 제품을 기대하지 않던 일반 고객들도 경쟁사 제품으로 몰릴 것이다.

이처럼 아무리 내가 시장에서 가장 경쟁력 있는 상품이나 서비스를 제공하고 있다고 해도 끊임없이 극한 고객이 원하는 바를 알아내고 이를 충족시킬 수 있는 방법을 찾는 노력을 해야 한다. 그러지 않는다면 언젠가 경쟁사가 더 나은 상품을 싸게 들고 와서 나의 사업 기반을 뿌리째 무너뜨릴 수 있다. 그러니 '왜 이렇게밖에 안 될까? 극한 고객이 원하는 바를 원가 상승 없이 충족시킬 수 없을까?' 같은 질문을 끝없이 던지고 이를 해결하려 노력해야 한다.

그뿐이 아니다. 딥러닝 같은 인공지능 프로그램이 새로 세상에 나타났을 때 내 업무에 활용할 수는 없을지 생각해보고 이것저것 작은 실험을 해보는 것도 좋다. 예를 들어 유통업을 하면서 어떤 지역에 새로 점포를 출시할 때 어떤 특징의 점포를 내는 것이 좋은지를 결정한다고 하자. 그간의 출시한 점포 각각에 대한 상권 특징과 해당 점포 내 매출이 좋은 상품 카테고리의 데이터를 딥러닝 모델에 학습시켜 새로 출시하려는 점포에서 역점을 두면 좋을 특징을 예측할 수 있을 것이다. 이를 올해 출시하는 몇 개 점포에 적용해보고 효과가 있으면 확대하는 것이다.

이처럼 여러분의 업무는 아주 재미있는 지적 모험의 장이 될 수 있다. 나에게는 직장 생활이 생활인으로서 돈을 벌기 위한 수단이기도 했지만 이처럼 다양한 모험을 할 수 있는 기회이기도 했다. 개인 사업이나 자영업을 해서는 접근할 수 없는 커다란 자원을 동원해서 이런 모험을 할 수 있는 기회로 생각했고(가급적 작게 실험해 본 후) 이거다 싶으면 과감한 시도를 했다. 항상 머릿속에는 성과를 올리기 위해 추진 중인 여러 모험적 프로젝트들이 돌아갔고 이를 적절히 조합하여 현실에 적용했다. 그래서 매일 매일의 직장 생활이 재미있었다.

지루한 일상에 활기와 자극을 주자

삶의 재미를 추구한다고 위험한 익스트림 스포츠를 하는 사람도 많다. 나도 그런 사람들을 부러워하지만, 겁이 많고 운동신경이 부족해서 그런 활동은 하지 못한다. 대신 나는 일과 개인적인 삶에서 많은 것에 호기심을 가지고 관련 지식을 공부하며 깨달음을 얻었다. 이런 지적 호기심은 때때로 일에 도움이 되기도 했지만 대부분은 단순히 재미있었다. 지루할 수 있는 삶에 활기와 자극을 주는 경험들이었다. 여러분도 실제 극적인 모험을 할 수 없다면 다양한 지적 모험을 해보길 권한다.

마지막으로, 여러분에게 권하고 싶은 한 가지가 있다. 그것은 바로 다른 사람의 생각과 감정에 대해 열린 마음을 유지하는 것이다. 나는 사물에 대한 호기심은 강하지만, 다른 사람의 감정에는 무딘 편이었다. 그래서 자주 다른 사람을 본의 아니게 불편하게 만든 적이 많았다.

얼마 전 비행기 여행 중, 이어폰을 끼고 오디오북을 듣고 있었는데, 아내가 말을 걸어왔다. 나는 대강 대답하고 넘어갔다가 많은 원망을 들었다. 나는 중요한 이야기도 아니고, 내가 몰입하면 다른 것에 신경 쓰지 못한다는 걸 아는 아내가 왜 섭섭해하는지 이해하지 못했다. 하지만 아내는 여러 번 그런 일을 겪으면서, 사람이 말을 할 때 이어폰을 빼고 확인해야지, 그렇지 않으면 무시당하는 느낌이 든다고 했다. 사실 아내가 비슷한 이야기를 여러 번 했지만, 나는 심각하게 받아들이지 않았다. 그러나 이번에는 아내가 크게 화를 내어 내 삶의 태도에 대해 깊이 생각해보게 되었다.

또한 오랜만에 미국에서 온 손녀도 할아버지는 자기가 놀고 싶어 부르면 답이 없어서 재미가 없다고 했다. 그리고 보니 나는 집에서 가족들이 어떻게 느낄지에 대해 별로 관심도, 호기심도 없었다. 아내가 차량 접촉 사고를 당하는 등의 '중요한' 일이 있을 때는 함께 걱정하고 해결에 뛰어 들지만, '소소한' 일에는 건성으로 대답할 때 당사자가 어떤 느낌을 받을지 생각하지 못했다.

물론 '나는 원래 이런 사람이니까 어쩔 수 없다'며 지금까지처럼 살 수도 있다. 그러나 그렇게 하면 가까운 사람들을 훨씬 행복하게 해주고 나도 더 행복해질 수 있는 기회를 놓치게 될 것이다.

요즘은 어떤 일에 몰입하다가도 다른 사람이 말을 걸면 주의를 돌려 잘 들으려고 노력한다. 이제 나는 다른 사람의 감정에 더 민감해지려고 한다. 그것이 나와 내 주변 사람들 모두에게 더 큰 행복을 가져다줄 것임을 깨달았기 때문이다. 여러분도 다른 사람의 감정에 대해 더 열린 마음을 가지길 바란다. 그것이 우리가 더 나은 사람이 되는 길임을 믿어 의심치 않는다.

때로는 내 생각을 밀고 나간다

서구가 개인주의 사회라면 동북아시아는 집단주의 사회라는 얘기를 많이 한다. 그런데 한국 사회는 외견상 집단주의와 비슷한 면이 많지만 실질적으로는 관계주의라고 하는 주장이 내게는 더 와닿는다.

내가 회사 생활 초기에 가장 많이 들었던 말이 "왜 너는 다르게 행동하느냐?"였다. 나중에 조직 책임자가 되어 새로운 시도를 할 때에도 상급자나 관리 부서에서는 왜 당신 조직만 다르게 하느냐는 불만이 많았다. 미국에서 핸드폰 판매 법인을 맡아 1년 만에 조직 구조를 전면적으로 바꾼 적이 있다. 기존에는 모든 일을 나눠서 처리하는 기능적 조직 형태로 운영했는데, 이를 주요 통신 사업자 거래선 별로 묶어 각각의 완결형 조직으로 만들었다. 각 팀에 영업, 개발 관리, 공급 관리, 품질 관리, 재경 조직을 두고 팀장이 사업가로서 자신의 사업에 대한 판매는 물론 손익까지 책임지게 했다. 각 팀이 거래선에 드나들며 모든 상황을 기민하게 판단해 사업 제안을 하고 신속하게 이행하도록 조치한 것이다.

나름 상당한 시간을 들여 준비하고 주변을 정비했지만, 도입 초기에는 조직 내외부에서 꽤나 시끄러웠다. 여러 의견이 있었지만, 주된 불만은 왜 너만 다르게 하려 하느냐는 것이었다. 하지만 뚝심 있게 밀고 나갔고, 조직 개혁의 진가는 그다음 해 벌어진 모토롤라 사의 레이저RAZR폰 가격 인하 공세로 여타 회사들의 물량이 대폭 줄어드는 사태에서 확실하게 발휘됐다. 다른 회사들이 내부적으로 책임 공방과 혼란에 빠져 있을 때, 우리는 각 팀 주도로 해당 통신 사업자 거래선의 상황에 맞는 상품 및 프로모션 지원 제안을 재빠르게 만들어 조율하고, 최고 경영진을 설득해 신속하게 대응할 수 있었다. 그 결과, 시장 판세를 완전히 뒤집어 우리 회사가 프리미엄 핸드폰(스마트폰 이전의 피처폰) 시장에서 선두 주자가 되는 계기를 만들었다.

당시 성공의 원인이 조직 개혁 때문만은 아니지만 다양한 새로운 아이디어를 실험하고 실행해야 큰 성과를 거둘 수 있다는 점을 강조하고 싶다.

어느 정도의 개인주의는 필요하다

집단주의 혹은 관계주의는 단체나 조직에서 다양성과 새로운 아이디어가 나타나는 데 큰 장애가 된다. 이는 단체나 조직 내 문제만이 아니고 우리 개개인의 삶에서도 자기 나름의 생각과 취향, 소중한 것을 누리고 발전시키는 데 큰 방해가 된다. 앞서 언급했듯이 행복하게 사는 데는 자신의 취향대로 소중한 것을 누릴 수 있는 자유가 매우 중요하다. SNS에서 남들이 올리는 레스토랑 음식, 호캉스, 패션 등을 보면서 나도 따라가야 할 텐데 여건이 안 돼 우울한가? 한두 번 경험 삼아 그런 음식도 먹어보고 그런 데 가보는 것도 나쁘지 않다. 해보니 정말 내가 좋아하고 행복했다면 계속 하는 것도 좋다. 그러나 직업적으로 그런 사진을 올리거나 허세 부리는 사람들을 추종하는 것이라면 그만두는 게 좋다.

사람마다 한두 가지 돈이 많이 드는 취미를 가질 수 있다고 생각한다. 내 친구 중에는 사진에 빠져 젊은 시절부터 비싼 카메라를 사느라 항상 돈에 쪼들리는 친구도 있었고, 음반을 사 모은다고 용돈을 다 쓰는 친구도 있었다. 좀 무색무취인 나로서는 그 친구들이 그렇게 자기가 좋아하고 즐기는 것을 보며 부러웠다. 나는 지금도 이런 것은 한두 가지 있는 게 삶을 풍성하게 한다고 생각한다. 그런데 그게 아니고 남들이 과시한다고 좋아 보인다고 추종하는 것은 좀 아닌 것 같다.

나는 어려서부터 개인주의자 성향이 강했고 권위로 내 일에 간섭하는 것을 극도로 싫어해 손해를 보곤 했기 때문에, 우리 사회에서 자신의 개인적 취향이나 소중한 것을 지키며 사는 것이 쉽지 않다는 것을 잘 안다. 자기와 생각이나 삶의 방식이 다른 사람을 그냥 다를 뿐이라고 인정해주면 좋은데, 옳지 않다고 생각하는 사람이 많다. 그런 사람이 자기와 다른 생각이나 삶의 방식을 가진 사람을 보면 제일 처음 반응은 "잘 몰라서 그러는 모양인데 여기에서는 이렇게 저렇게 해야 된다." 하면서 가르치려 한다.

사회 초년생 시절 많이 듣던 얘기 중 하나는 왜 그렇게 머리가 짧으냐는 것이었다. 그냥 웃으며 머리가 뻣뻣해서 기르면 머리가 뻗친다고 말하곤 했지만, 정말 많은 사람이 물어봤다. 마음 약한 사람은 일종의 사회적 압력으로 느꼈을 것 같다. 그것이 시작이었다. 왜 술은 안 마시냐, 왜 그렇게 일찍 출근하냐, 왜 일과 후 사람들과 잘 안 어울리냐, 주말에 회사 상사가 나오는 모임에 왜 안 나오냐, 동창회에는 왜 안 나오냐 등 내가 보기에는 지극히 개인적인 취향에 따라, 할 수도 있고 안 할 수도 있는 것들에 대해 '남들 다 하는데 왜 너는 안 하냐'는 질문이 많았다. 처음에는 일일이 설명하다가 나중에는 그냥 웃기만 했다.

사실 멀리 갈 것도 없이 진짜 압력은 주변, 특히 가족들로부터 온다. 나는 내향성이 좀 심해서 젊었을 때부터 집에 친지들이 와도 식사하고 조금 지나면 내 방으로 들어가 혼자 시간을 보낼 때가 많았다. 결혼 이후 잠시 어머니와 함께 살았기 때문에 여동생들이 자기 가족들과 자주 왔다. 식사 후 카드놀이나 화투를 할 때가 많았는데, 나는 여전히 방으로 들어가곤 했다. 다들 이해를 못해서 원망을 많이 들었다. 아내가 나 대신 이런 거 하느라고 고생했다.

이렇게 나름대로 좀 다르게 살아가다 보면 남들이 일종의 사회적 압력을 행사하는데도 어울려주지 못해 조금 미안해할 때도 있다. 그냥 웃어넘기면 된다. 그런데 한 가지 문제가 있다. 바로 뒷담화다. 본인이 없는 자리에서 별난 사람이 됐다가 어느새 건방진 사람, 안하무인인 사람으로, 조직에 순응하지 않는 사람으로, 심지어는 상종 못 할 나쁜 사람으로 매도되기도 한다.

처음 이런 이야기를 전해 들었을 때는 당황스럽고 원망스러워 분노하기까지 했다. 그들과의 관계를 그렇게까지 중요하게 생각하지 않았는데도 왜 그렇게 당황하고 분노했는지 생각해보면, 그런 부정적인 얘기들이 조직 생활, 특히 승진에 장애가 되거나 심지어는 조직에서 밀려나게 될까 봐 두려웠던 것 같다.

나는 어차피 사람들과 관계를 잘 맺어 조직 생활을 잘하기는 어렵겠다는 생각이 들어, 남다른 성과를 내도록 많은 연구를 하고 철저하게 실행하려고 노력했다. 또한 어떤 경우에도 예의를 잃지 않으려고 애썼다. 일단 좋은 성과를 지속적으로 내면 많은 것이 용서되는 것이 조직이다. 거기에 항상 예의를 지키면 그냥 '그 사람은 좀 별나지만 일을 잘한다'는 평판이 생긴다. 여기까지 오면 뒷담화하는 사람도 별로 없다. 그래도 간혹 시기하거나 경쟁심을 불태우는 사람이 있다. 그들이 정히 선을 넘으면 찾아가서 눈 똑바로 뜨고 그런 얘기를 했냐고 따지기도 했다.

대부분은 '그런가 보다. 내가 좀 다르긴 하지.'라고 생각하고 말았다. 그들이 어떻게 생각하든 자유니까. 그래도 기분이 안 풀리면 '아이, 그 인간 정말 성질 못됐네!'(실제보다는 아주 조금 순화된 표현이다)라고 뇌까리며 넘겼다.

남에게 피해를 주는 것이 아니라면, 내가 좋아하고 소중히 여기는 것을 지키면서 나대로 살자.

조금 손해 보더라도
나부터 바르게 산다

욕하다 보면 닮는다는 말이 있다. 다혈질이고 정의를 앞세우던 사람이, 다른 사람들이 다 그러니까 나만 혼자 바르게 사는 척해 봐야 소용없다고 하며 남보다 더 편법과 탈법에 빠지는 경우가 있다. 오히려 조용하지만 남 탓하지 않고 나만이라도 바르게 살자고 마음먹는 사람이 훨씬 타락하지 않을 가능성이 크다. 세상에는 제도와 시스템으로 잡아내지 못하면 편법과 탈법을 저지르는 사람이 많다. 그러니 흥분하지 말고, 나부터 잘하고 제도와 시스템 개선에 힘을 보태는 것이 세상에 도움되는 길이다.

불법이나 편법의 유혹에 빠지지 않으려면 처음부터 하지 않는 것이 중요하다. 규칙의 취지를 항상 생각하고, 유리한 쪽으로 자의적 해석하는 것을 경계해야 한다. 사람이 한번 윤리 기준을 낮추면 그다음부터는 계속 기준이 낮아져서 곧 불법과 편법 사이를 오가게 되기 쉽다. 절세한다는 방법을 듣다 보면 형식상 불법은 아닌 것 같지만, 법의 취지를 벗어나는 경우가 많다. 이렇게 한번 탈세를 하면 나중에는 실제 불법까지 하게 될 가능성이 높다. 나쁜 사람이 사람을 악한 쪽으로 빠뜨릴 때 처음부터 명백한 범죄를 시키지 않는다. 아주 가벼운 선물이나 접대로 시작하여 점차 판을 키운 후, 우리 모두 이미 한 배 탔다고 하면서 범죄에 동참할 것을 강요한다.

내가 하기 싫은 것은 남에게 요구하지 않아야 한다. 다른 사람의 잘못은 눈에 잘 보이고 엄격한데, 자신의 일탈에 대해서는 한없이 관대해지는 것이 사람이다. 많은 사람이 부당해 보이는 다른 사람의 요구를 거부하면서도 자기와 친하거나 자기보다 약한 사람에게는 이런저런 요구를 한다. 업무상 관련된 것일 수도 있고, 지극히 사적인 경우도 있다. 권력자 중에는 누가 자기 처사에 문제가 있다고 하면 주변에서는 다 괜찮다고 하는데, 괜히 시비 건다고 생각하는 사람이 많다. 대개 주변 사람들, 특히 약자들은 권력자에게 부정적인 얘기를 하지 않으려 한다. 본능적으로 권력자가 싫어하고 불편해하여 멀리할 것을 알기 때문이다. 그래서 권력자일수록 진실된 답변을 해줄 수 있는 주변 사람은 드물다.

얼마 전에 필리핀에 다녀올 기회가 있었다. 교회 일로 산간벽지 마을을 몇 군데 방문했다. 필리핀은 국민의 대다수가 가톨릭 신자다. 그런데 현지에서 사역하시는 선교사의 말씀이, 가톨릭이 필리핀 사회를 근대화하고 개혁하는 데 크게 기여하지 못했다고 한다. 개신교도 이후에 들어와 열심히 선교를 하고 있지만, 큰 성과를 거두지는 못하고 있다고 한다. 한국의 경험은 이와는 완전히 달랐다. 가톨릭도 나름 근대화에 기여를 많이 했지만, 19세기 초반 개신교가 들어온 이후 조선 사회에 많은 변화가 일어났다. 동남아에서는 기독교가 제국주의 세력과 결탁하여 그들의 이익을 위해 협력한다는 인식이 많았던 반면, 개화기 조선에서는 병원과 교육 사업을 통해 사람들에게 실질적 도움을 준 것이 큰 차이를 만들었다. 조선 사람들, 특히 낮은 사회적 지위의 사람들은 선교사들이 그전까지 사람 취급을 받지 못하던 상민이나 천민들까지 정성을 다해 치료하고 기도하며, 그들의 죽음에 애통해하는 모습을 보고 이들이 믿는 신은 어떤 분이길래 우리 같은 사람들에게 이렇게 잘 해주는가 하는 의문에서 신앙을 가지게 된 사람이 많았다고 한다. 이후 이들은 무기력한 삶에서 벗어나 완전히 새로운 삶을 살았다. 선교사들의 삶과 행동이 사람들의 마음을 바꾸었고, 그 후에야 전하는 말씀에 따라 살게 되었다. 다른 사람의 삶을 변화시키는 진짜 영향력은 이렇게 발휘된다.

성인이 되면 사람들은 잘 안 바뀐다고 한다. 아무리 내가 옳은 얘기를 해도 듣는 사람은 그것이 내 생각일 뿐, 자기 생각과는 다르다고 여긴다. 설사 다른 사람의 말이 옳다는 것을 인정해도 그로 인해 행동이 바뀌지는 않는다. 그러나 간혹 바뀌는 경우가 있다. 돌아가신 우리 할머니는 독실한 기독교인이셨다. 나도 그렇지만, 자손 중 많은 사람이 장성한 후에 기독교인이 되었다. 할머니는 아들딸이나 손자 손녀에게 교회 나가라는 말씀을 별로 하신 적이 없다. 우리는 모두 할머니가 평생 매일 새벽에 자손들 한 사람 한 사람을 놓고 기도하셨던 것을 알고 있었다. 그래서 막연하게 언젠가는 나도 교회에 나가야지 하는 마음을 가지다가 나중에 계기를 만나 신앙을 가지게 되었다. 할머니의 말씀이 아니라 그분의 삶과 행동이 자손들의 삶과 행동을 바꾸었다.

　멀리 갈 것 없이 나의 경우도 그러했다. 나의 회사 생활은 어떻게 보면 많이 외로울 수 있었다. 워낙 내향적이라 회사 선후배나 동료들과 개인적인 교류를 잘 가지지 않았고, 고지식하다 보니 융통성이 없어 친지가 어렵게 부탁을 하셨을 때도 들어주지 못했다. 어렸을 때부터 나를 귀여워해주시던 어머니 친구분의 자제가 회사에 들어왔을 때 승진에 좀 신경 써달라고 여러 번 부탁하셨을 때도, 입사 초기 상급자이자 나중에 상사이던 분이 자녀를 내 산하에 있던 해외 법인에 입사시켜 달라고 할 때도, 어린 시절 가까웠던 친구들이 첨단 제품의 중요 소재 회사를 차려 납품 부탁을 했을 때도 나는 융통성이 없었다. 승진하고 보직이 바뀌어도 내 사람을 데리고 다닌 적이 없었고 특별 대우를 한 적도 없었다. 인사 부서에서 추천하는 사람들 중에 해당 업무에 가장 적합할 것 같은 사람을 뽑아 썼을 뿐이다. 그래서 주변에 사람이 없다는 얘기를 많이 들었다. 그런데 정작 은퇴한 후 생각지도 않았던 많은 사람이 연락해왔다. 특히 책을 냈을 때 너무 반가워하며 작업실로 찾아온 사람이 많았다. 직장생활을 할 때는 잘 보이면 좋을 사람에게 열심히 눈도장을 찍었지만 퇴직하고 나니 다시 보고 싶지는 않았다고 한다. 내가 일하는 것을 보면서 그게 맞는 것 같아 자기도 자기 분야에서 그렇게 살려고 애썼다는 것이다. 듣기 좋으라고 한 얘기일 수도 있지만, 은퇴 후 아무런 이해관계도 없이 작업실로 찾아와 차를 마시며 이런저런 얘기를 하는 것을 보면 적어도 일부 사람들에게는 나의 영향력이 조금은 있던 것 같다.

여러분이 아무리 옳은 말을 해도, 그 말과 일치하는 행동을 하지 않으면 그 말은 영향력을 가지기 어렵다. 최근 들어 성직자, 정치인, 교수와 같은 과거에 사회적으로 존경받고 큰 영향력을 지닌 직업군의 권위가 떨어진 이유 중 하나도 이와 관련이 있다. 그들 중 일부가 보여주는 삶과 행동이 돈이나 권력을 추구하는 모습으로 변질되었고, 이는 일반 사람들과 별반 다를 바가 없다는 점에서 실망을 안겨준다. 게다가 다양한 미디어의 폭발적인 증가로 인해 그러한 뉴스는 대중에게 더욱 빠르게 확산된다. 이제 사람들은 다른 사람이 하는 말을 쉽게 믿지 않는다. 그들은 오히려 그 사람의 삶과 행동을 주의 깊게 살핀다.

따라서 다른 사람에게 무언가를 강요하거나 훈계할 필요는 없다. 먼저 바르게 살고 정직하게 행동하면, 그 모습을 보고 영향을 받는 사람이 분명히 나타날 것이다. 선한 영향력은 바로 이렇게 발휘되는 것이다. 말의 힘은 제한적이다. 아무리 강력한 메시지를 담고 있더라도, 그것이 행동으로 뒷받침되지 않으면 공허한 메아리에 불과하다. 반면, 말과 행동이 일치할 때, 그 영향력은 배가된다. 나부터 바르게 살자.

자녀가 생기면
진짜 배워야 할 것을
배울 수 있게 한다

요즘은 예전처럼 결혼하고 자녀를 가지는 것이 당연한 것으로 인식되는 시대가 아니지만 여러분이 만약 결혼하고 자녀를 가지게 되면 가급적 어려서부터 독립적 인격체로 양육하고 그렇게 대우하는 것이 꼭 필요할 것 같다. 예전에는 자녀가 집안의 생산력이고 부모의 노후대책이라는 생각이 모든 부모자식관계에 깔려 있었다. 그래서 부모는 자녀의 양육과 교육, 결혼까지의 일체의 경제적 책임을 지고 그만큼 주는 대가로 이런저런 간섭을 했다. 자녀들은 어린 시절 온통 사교육과 성적 경쟁에만 내몰린 덕분에 정작 자기 인생을 살아가는 데 도움이 될 정말 중요한 것들은 잘 익히지 못한 채 사회로 나가게 된다. 이제는 자녀들이 독립적 인격체로 잘 살아가기 위해 꼭 가르쳐야 할 중요한 분야 몇 가지를 소개하겠다.

1) 스스로 배우고 생각하는 능력

얼마 전에 고등학교 대학교 시절에 공부 잘하기로 유명했던 경제학 교수 친구가 은퇴한 후 함께 식사를 하면서 우리나라 교육에 대해 얘기한 적이 있다. 자신이 학창 시절 한국에서 머리 좋다고 칭찬을 많이 듣다가 미국 대학 박사과정에 들어가서 너무 힘들었단다. 주어진 지식을 학습하고 문제 풀이 패턴을 익히는 것은 뛰어난데 현상을 나름의 관점에서 봐서 나름대로 문제를 정의하고 이를 경제학적 방법으로 풀어나가려니 그렇게 막막할 수가 없더라는 것이었다. 바이올린을 전공한 우리 큰딸도 비슷하게 겪었던 일이다. 내가 미국 주재원 시절 딸도 미국의 유명한 음악대학에 편입하게 됐는데 교수님으로부터 연주 스킬은 너무 좋은데 너만의 음악성musicality이 없다는 얘기를 자주 들었단다. 한국에서는 교수가 여기에서는 이렇게 연주하고 저기에서는 저렇게 연주하도록 세세히 지도했는데 미국 교수는 악보를 학생 스스로 해석하여 어떻게 연주할지를 스스로 판단하는 것을 중요하게 생각한다는 것이었다. 두 경우 모두 한국 교육이 다양성과 창의성을 키우는 데는 잘 안 맞는다는 것을 보여준다.

대한민국의 사교육은 아이들에게 지식을 주입하거나 문제 풀이를 반복해 숙달시키는 과정이 대부분이다. 아이들의 지적 호기심을 권장하지도 그를 충족시키는 것을 도와주지도 않는다. 그저 준비된 내용을 받아들이게 강요할 뿐이다. 이를 겪은 아이들에게 공부는 규율이다. 싫어도 꾹 참고 그냥 해야 하는 시간이다. 좋은 것도 있다. 대부분의 일이나 학문이 기본을 충실히 숙달해야 본 과정을 재미있게 할 수 있다. 예컨대 수학에서는 유클리드 기하학이나 방정식, 미적분 같은 것이 그에 해당할 것이다. 그러니 사교육을 통해 기본을 충실히 반복적으로 숙달시킨 아이는 그만큼은 유리한 입장에 있는 것이 사실이다. 그런데 그것뿐이다. 모든 교과 내용이 미리 다 준비되어 주입되는 과정을 지나는 동안 아이는 지적인 호기심을 잃고 스스로 배우고 생각하는 능력을 기를 수 있는 기회를 가지지 못했다. 결과는 성적은 좋지만 스스로 생각하면서 계속 변화하는 상황을 헤쳐 나가는 능력은 없는 지극히 평범한 학생이 되는 것이다.

차라리 이 아이들이 그 시간에 게임도 하고 놀이도 하고 책도 읽다 보면 자기 하고 싶은 것을 발견할 것이다. 일단 자기 하고 싶은 것이 생기면 알고 싶은 것도 많아진다. 그러면 스스로 찾아보기도 하고 물어보기도 한다. 이때 관심 가진 분야에서 이런저런 질문을 하면 답을 찾는 것을 도와주는 사람이 있으면 참 좋을 것 같다. 관심 분야를 잘 하려면 기본이 탄탄해야 된다는 것을 본인이 인식하면 이러한 기본을 잘 익히게 도와주는 교육은 큰 도움이 될 것이다.

이런 교육을 부모들이 할 수는 없는 것일까? 점차 직장 환경도 개선되고 있어서, 어린 자녀를 둔 부모들이 가족과 함께 시간을 보낼 수 있는 여건이 마련되고 있다. 퇴근 후, 아이의 관심 분야에 대해 얘기하면서 적절한 질문을 통하여 생각을 자극하고 그들이 스스로 공부할 수 있도록 도와주면 좋을 것이다. 학원을 보내더라도 너무 정답 풀이나 정해진 패턴을 반복 숙달시키는 곳보다는 개방형 질문을 많이 하고 아이들이 자기 나름의 생각을 해보게 하여 이에 대해 발표하고 쓰고 그리도록 하는 곳을 고르면 좋겠다. 자기가 좋아하는 것을 스스로 판단하여 그것을 잘하면 그것이 무엇이든 칭찬해주고, 다른 아이들과 협력하여 무엇인가를 이루는 것을 배울 수 있도록 해주는 곳을 우선 선택했으면 한다.

자녀들이 관심 분야를 발견하도록 기다려주고 뒤에서 도와주는 것이 아이가 보람 있고 행복한 삶을 살게 되는 길일 것 같다. 관심 분야를 발견하면 알아서 공부해서 대학에 가고 박사까지 하기도 한다. 나름 기술을 익혀 그 분야 최고 기술자가 되기도 하고 사업을 작게 시작하여 안정적으로 키우기도 한다. 그 와중에 몇 번 좌절도 하겠지만 경험과 노하우가 쌓이면서 점차 자리를 잡을 가능성이 크다. 사교육비를 아껴 그럴 때 밀어주는 것도 좋을 것 같다. 소중한 자녀들이 평생 도움이 될 스스로 배우고 생각하는 능력과 경제 능력을 가질 수 있을지는 전적으로 부모의 책임이다. 아이들이 하고 싶은 것을 지원해줄 수 있기 바란다(나는 우리 딸들 거의 사교육 안 시켰다. 거창한 이유에서가 아니라 학원에 보냈더니 잘 따라가지 못해서 포기했다. 수학은 너무 뒤처지면 안 될 것 같아 내가 가르쳐봤는데 큰딸과 서로 답답해하다가 결국 과외 선생님을 구했다. 갑자기 미국으로 발령 나는 바람에 큰딸은 고3, 작은딸은 고1로 미국 학교에 들어가게 됐다. 처음에는 말도 안 통하고 생활 자체에 적응하느라 고생을 많이 했지만 결국은 괜찮은 성적으로 고등학교 졸업하고 각각 상당 수준의 사립 음악대학과 주립 대학으로 진학하여 학창 시절을 잘 보냈다. 지금은 둘 다 결혼하고 가정생활과 일을 씩씩하게 해나가고 있다. 지인 말로는 어렸을 때 학원을 별로 안 다녔기 때문에 미국 학교생활 오히려 잘 적응했다고 말하곤 한다. 사실 아빠의 해외 근무 기회가 없었다면 한국 교육 시스템 속에서 진학 길이 막막했을 것 같다).

더구나 실질적인 직장 은퇴 연령이 50세라는 이 시대에 좋은 대학이니 뭐니 해서 자녀들 고생시키는 것보다 자녀가 진심으로 하고 싶고 좋아하는 일을 찾고 그 일을 하면서 살 수 있도록 돕는 것이 아이들의 장래를 위한 부모의 역할이 아닐까.

2) 경제 교육

자녀에게 일찍부터 가르칠 분야는 바로 '경제'다. 흔히 자녀가 대학 가서도 "너는 돈 걱정은 하지 말고 공부나 열심히 해."라고 얘기하는 부모가 많다. 그러다 취업할 때까지도 자녀는 경제 문제에 전혀 준비가 안 된 채로 사회에 뛰어들게 된다. 혹은 전혀 준비 안 된 상태에서 유산 받아 이리저리 사업이나 투자한다고 하다가 다 날렸다는 사람의 얘기를 들어본 적이 있을 것이다. 반면 유대인들은 자녀들의 경제 교육에 많은 신경을 쓴다고 한다. 어려서부터 돈의 소중함과 저축 및 투자를 삶의 한 부분으로 가르친다. 어려서부터 돈벌이를 경험시키고 자녀의 성년식(남자는 만 13세, 여자는 만 12세에 행한다)에는 상당 금액을 주며 이를 자신의 판단에 따라 투자하도록 한다고 한다. 스스로 생각하고 배우도록 하는 것이다. 중요한 것은 어린 시절부터 노력하여 돈을 버는 것의 중요성을 알고 자기 소득에 맞춰 지출하면서 저축과 투자를 하는 것을 경험하게 하는 것이다.

3) 디지털 리터러시

'AI·로봇화'가 진전되면서 세상은 관련된 디지털 기술을 이해하면서 기술을 만들거나 적용할 수 있는 역량 즉, '디지털 리터러시digital literacy'를 가진 사람과 그렇지 못한 사람으로 나뉘어 질 것이다. 당연히 디지털 리터러시를 가진 사람이 일에서 크게 유리할 것이다. 전문 소프트웨어 엔지니어가 아니더라도 웬만한 알고리즘을 이해하고 이를 코딩할 수 있으면 어떤 분야에서도 앞서갈 수 있다. 우선 기술 발전을 실시간으로 따라가면서 그를 자기 분야에 적용할 수 있다. 또한 상품기획자에게 좋은 상품이나 서비스 아이디어가 떠올랐을 때 거칠게라도 코드를 직접 만들어 시현해줄 수 있다면 엔지니어들이 이를 구체적으로 구현하는 데 엄청나게 도움이 될 것이다. 어려서부터 코딩을 생활화할 수 있는 환경을 만들어주자. 인공지능에 대해서도 언론에서 추상적으로 정리한 것만 아는 정도

로는 일에 활용하는 것은 한계가 있다. 깊이 있게 작동 원리를 이

해하고 있어야 그 한계와 적용 가능 분야를 알게 된다.

4) 민주시민으로서의 소양

우리 사회가 각자도생의 치열한 경쟁 사회를 넘어 함께 살아가는

사회가 되려면 어려서부터 민주시민으로서 정치 경험을 가지는 것

이 중요하다. 게다가 앞으로 산업들이 창의성을 발휘해야 커다란

경제적 가치를 만들어낼 텐데 대등한 사람들이 자유롭게 발상하

고 활발하게 의견을 교환하면서 협업하는 것이 창의성 발휘에 큰

도움이 되니 더욱 그러하다. 정치라는 개념을 처음 만들어낸 그리

스의 전통에 따르면 '민주시민'은 공동체의 동등한 구성원으로 직

접적이든 대표를 선출하여 간접적으로 하든 공동체의 주요 관심

사 결정에 참여하는 사람이라는 뜻이고 공화주의적이라고 함은

'공적 영역'을 만들어냄으로써 특정 계층이나 집단이 권력을 사유

화하는 것을 방지한다는 뜻이다. 그리스 사람들에게는 이러한 공

적 영역에 봉사하는 것은 그 자체로서 명예롭고 보람 있는 일이

었다(함재봉, 『정치란 무엇인가?』, 2021, 에이치프레스. 참조). 이들에게 공적 영

역을 사유화하는 전관 비리 같은 부패행위는 있을 수 없는 부끄러

운 일일 것이다. 현대와 같이 복잡한 세상에는 전문지식으로 무장한 직업 정치인들도 필요하겠지만 자기가 사는 지역 사회에 대해서는 배심원이나 자치 위원, 아파트 동 대표와 같은 공공 의무를 자발적으로 수행하면서 제대로 된 직업 정치인들을 선별하고 적절히 지지해줄 민주시민의 존재가 필수적이다.

오래전 얘기지만 나는 전통 있는 명문 사립고등학교에 추첨으로 진학했는데 어쩌다 보니(실은 대한민국답게 중학교 성적이 좋아서) 반장이 됐다. 그래서 학생의회에 참석하게 됐는데 2학년 선배들이 봄에 열릴 문학의 밤 행사를 주제로 활발하게 토론하는 것을 보고 충격을 받은 기억이 난다. 많은 의견이 나왔고 토론을 통해 의견을 모아 가는 것이 너무 신기했다. 지도 교사가 있었지만 최종 강평을 할 때 이외에는 전혀 간섭하지 않고 지켜보았다. 학생의회에서 결정된 사항을 학생회와 문학부에서 집행하는 형태였다. 이전에 다닌 중학교는 비교적 신생 학교였는데 같은 계열 고등학교나 중학교 공히 학과 공부 이외에는 거의 신경을 안 쓰던 분위기였기 때문에 더욱 충격이었다. 불행히도 그 해 하반기에 학도호국단이라는 준군사체제가 도입되면서 학생회와 학생 의회가 사라졌기 때문에 민주시민으로서 공동체 문제를 자율적으로 다루는 훈련을 할 수 있는 기회를 더 이상 가지지 못했다.

오랜 세월이 지난 오늘날도 학교에서 민주시민교육을 그때만큼이라도 하고 있는지 의문이다. 지금도 학교에는 반장이나 학생회장과 같은 직책과 역할이 있다. 대부분의 부모나 선생님은 학생을 좋은 대학교에 보내기 위해 자기소개서에 들어갈 항목에는 관심들이 많지만 공동체 활동에 참여하여 민주적 시민으로서의 자치 경험을 쌓고 공공선을 위해 공헌하는 데는 별 관심이 없는 것 같다. 어쩌면 자치 경험이 아니라 당국이나 학교의 방침을 학생들한테 구석구석 전달하는 데 더 관심이 있는지도 모르겠다. 대한민국의 미래를 이끌어갈 학생들이 사회에 나가서 문제를 개인적으로 해결하지 않고 공공의 해결책을 통해 도움받기를 원한다면 민주적 토론과 절차를 통해 문제 해결의 방향을 잡는 경험을 많이 할 수 있도록 해야 한다.

우리는 학교와 교육기관이 이러한 교육을 학생들에게 제공할 수 있도록 계속해서 목소리를 높여야 한다. 정당이나 사회단체도 몇몇 엘리트와 팬덤에 의해 운영되기보다는 다양한 구성원들이 주요 방향 결정에 실질적으로 참여할 수 있도록 하는지 여부를 보고 지지 여부를 판단해야 할 것이다.

현재의 교육 체계에서는 학생들이 민주적 절차와 토론을 통해 스스로 문제를 해결하는 경험을 쌓을 기회가 부족하다. 학교는 학생들에게 다양한 자치 활동의 기회를 제공해야 하며, 이를 통해 학생들이 민주적 시민으로 성장할 수 있도록 도와야 한다. 공동체 활동에 참여하는 것은 단순히 스펙을 쌓기 위한 것이 아니라, 민주적 사회의 일원으로서 필수적인 경험이다. 결국 우리가 바라는 사회는 개인이 아닌 공동체의 힘으로 문제를 해결하는 사회다. 이를 위해서는 지금부터 학교에서 민주적 교육이 제대로 이루어져야 한다. 학교와 교육기관은 물론, 정당과 사회단체도 이러한 원칙을 지키고 실천해야 한다. 미래를 이끌어갈 학생들이 건강한 민주적 시민으로 성장할 수 있도록, 우리는 꾸준히 노력해야 한다. 그들의 경험이 단순히 개인적인 성공에 그치지 않고, 공공의 이익을 위해 기여할 수 있도록 해야 한다. 이는 우리의 책임이자 미래를 위한 투자다.

나의 삶을 살아간다

나만의 기준을 찾고 삶의 방식을 정한 미래의 모습을 상상해보자.

　　당신은 그동안 극단적 능력주의와 결합된 경쟁 문화와 서열 문화에 자신도 모르게 세뇌당해왔다는 것을 발견했다. 이제 세상에 휘둘리지 않고 소중히 여기는 것을 지키고 누리면서 살기로 결심했다. 당신은 평생 좋아하는 일을 하기 위해 자기만의 전문성을 끊임없이 높이고 직장 내에서는 물론 직장 밖에서도 인정받을 수 있도록 노력한다. 주택 융자를 받아 살 집을 장만하고 국민연금과 개인연금을 통해 저축한다. 약간의 여윳돈을 저축해 장기적으로 전망이 있는 주식에 일부 투자한다. 감당할 수 있는 범위 내에서 위험 자산과 안전 자산의 포트폴리오를 구성하여 투자한다. 좋아하는 취미를 한두 개 가져서 삶을 즐긴다. 당신에게 삶은 매일 매일이 새로운 경험이다. 어린아이와 같은 호기심을 잃지 않는다. 새로운 기술이나 추세가 나타나면 직접 공부하여 그에 대한 깊은 이해를 가진다. 직장은 새로운 배움의 기회다. 동료들과 더 좋은 성과를 위하여 함께 머리를 맞대고 아이디어를 내기도 하고 일 관계로 새로운 사람을 만나는 것도 너무 좋다. 좋은 아이디어가 있으면 작은 규모라도 실험을 하되 조용히 진행하다가 될 만하다고 판단되면 판을 키운다. 당신과 가까운 사람의 마음과 감정에도 관심을 가진다. 상대방의 마음이 자신과 무조건 같을 거라고 가정해서는 상대의 마음에 상처를 줄 수 있다는 것을 인식하고 상대에게 지금 하고 있는 것을 어떻게 생각하고 느끼는지를 자주 물어본다. 결혼을 반드시 해야 한다는 생각은 아직 없지만 좋은 사람을 만나면 가정을 만드는 것도 나쁘지 않다고 생각한다. 자녀를 가지게 되면, 장래에 좋은 학교를 가거나 좋은 직업을 가지도록 사교육을 시키는 것보다는 자녀가 자유롭게 자기가 좋아하는 것을 발견하고 잘

해나갈 수 있도록 격려하고 지지할 것이다. 관례라는 이름으로 혹은 남들도 다 한다고 편법·탈법을 하지 않고 그런 청탁이 와도 거부한다. 규칙을 철저히 따르고 편법을 허용하지 않다 보니 사회생활에서 손해를 볼 때도 있고 답답해하는 사람도 많이 있지만 세월이 흐르다 보니 주변에서 모두 당신의 진정성을 이해한다. 특히 젊은 후배들은 당신을 모범 삼아 실력과 일 처리의 공정성을 배우고 있다고 한다. 당신은 민주시민으로서의 의무를 다한다. 지역 사회 공동체에서 자원봉사를 하기도 하고 지지할 정당을 그들의 정강, 정책과 실행 여부를 보고 판단하여 정하며 후원이나 자원봉사를 통해 정당을 지원한다.

특별히 당신이 주변에 영향을 끼치려고 애쓸 것도 없다. 주변의 동료나 후배와 자연스럽게 어울리고 당신의 방식대로 살아가다 보면 그들 중 일부가 당신의 진가를 알아볼 것이다. 당신이 진심으로 현실에 감사하고 더 나은 사람이 되기 위해 노력하는 것을 보면서 그들 스스로 변화할 것이다.

당신이 세상을 바꾸는 사람이다.

4장

바람직한
사회적 변화를
위한 몇 가지
생각

우리의 미래를 위해
필요한 사회적 변화들

우리 사회는 지난 수십 년간 숨 돌릴 새 없이 변화에 변화를 거듭했다. 2000년부터 2023년까지 우리 경제 규모는 2.5배 이상 커졌으며 인당 국민소득도 3만 달러를 넘었다. 같은 기간 유럽이나 일본이 거의 성장하지 못한 것에 비하면 큰 성과였다. 복지 혜택도 선진국에 비해서는 많이 부족하지만 그동안 많이 보강되어 전 국민 대상 건강보험이 자리 잡았고 국민연금도 어느 정도 일반 국민의 노후대책으로 자리 잡았다. 그런데 우리 경제가 급격한 노령화와 출산율 저하와 함께 연간 2% 이내의 저성장 국면에 접어들면서 복지

제도의 지속 가능성에 문제가 생겼다. 그래서 국민연금이 2050년이 되면 고갈된다는 예상이 나오고 건강보험 재정의 악화로 국가 재정에 큰 부담이 될 것이라는 우울한 전망도 나오고 있다.

잠재성장률은 자본과 노동과 같은 요소 투입과 함께 총요소 생산성에 의해 결정되는바 더 이상 노동이나 자본 투입이 늘기는 어려우므로(출산율 저하로 노동 공급 자체가 줄고, 자본은 혁신이 없는 한 투자 수익률이 낮아 투자가 늘기 어렵다) 생산성이 획기적으로 높아져야 하는데, 현재의 경직된 노동 관행(대기업의 강경 보수 노조, 사업 구조 조정을 위한 해고가 매우 힘든 환경)과 예전보다는 훨씬 덜 하지만 여전한 집단주의적·권위주의적 문화로는 기업들이 다양한 혁신을 도입하는 게 쉽지 않다. 게다가 교육은 시대와 맞지 않게 지식 전달과 정형화된 문제 풀이에 최적화된 졸업생만 배출할 뿐 인공지능과 로봇 시대에 맞는 스스로 배우고 문제를 나름대로 정의하여 창의적인 해결책을 찾는 훈련을 거의 제공하지 못하고 있다. 경직된 노동 관행, 나이 든 경력자 채용을 꺼리는 기업의 채용 문화는 교육, 의료, 주택 등에 대한 공적 인프라가 취약한 탓에 직장을 잃으면 모든 것을 잃게 되는 현실과 직결되어 있다.

우리 경제와 사회를 지금 그대로 유지하려고만 해도 노동 관행, 교육 시스템, 연금 제도, 의료 시스템에 커다란 변화가 필요하다는 얘기를 많이 한다. 하물며 앞서 언급한 것처럼 적절한 직업과 양질의 육아, 교육, 의료, 주택을 국민 모두에게 제공하려면 거의 모든 분야에서 근본적인 변화가 필요하다. 모두가 우리 사회가 변하고 삶의 방식이 변해야 한다고 생각하지만 변화가 잘 일어나지 않는 현실을 답답해한다. 지난 수십 년간 익숙해진 삶의 방식이고 우리 사회의 여러 부분이 모두 얽혀 있는 견고한 시스템이기 때문에 아무리 많은 사람이 힘들어해도 당연히 쉽게 바뀌지 않는다. 모두가 사교육이 문제라고 하지만 사교육을 법률로 금지한다 해도 불법과외가 성행할 것이다. 성적 경쟁을 해서 서열이 높은 명문대를 가야 좋은 직장에 취직하거나 좋은 직업을 가질 확률이 매우 높다는 것을 모두가 알고 있기 때문이다.

그래서 사교육을 근본적으로 없애려면 대학의 서열 자체를 없애고 기업이 학벌을 전혀 채용에 활용할 수 없는 어떤 제도적 사회적 장치를 만드는 것과 같은 근본적 변화가 사회 관련 부분에 같이 일어나는 것이 필요하다. 대기업들이 필요한 자리에 중소기업에서 경험과 경력을 쌓은 인재를 뽑는 것이 일반화되고 거기에 졸업한 학교를 구별할 수 없게 제도적으로 강제하는 것이 방법이 될 수 있을 것이다.

문제는 이런 다양한 아이디어 중에 집권한 정권에서 좋은 안을 선택하여 실행하려 해도 이해당사자들이 반발하고 야당이 반대하다 보니 진전이 있기 어렵다는 점이다. 더구나 사교육을 없애고 민주시민교육, 스스로 문제를 해결하는 능력을 기르는 등 바람직한 교육 방향으로 바꾸는 것이나 대학의 서열화를 깨는 것과 같은 근본적 변화를 일으키려면 기업의 채용 관행처럼 사회 관련 분야가 동시에 변화해야 하기 때문에 실제로 성공하기가 매우 어렵다. 연금, 의료, 교육, 주택 공급, 노동 등 산적한 개혁 과제들은 하나하나가 이처럼 어려운 과제들이다.

사회적 변화를 위한 전략

이처럼 사회 개혁들은 하나하나가 관련된 사회 부분도 많고 그러다 보니 이해관계자도 많고 의견도 다양하기 때문에 동시다발적으로 추진하면 성공하기 어렵다. 그래서 비교적 단순한 기업 혁신에서도 이런 경우 한 가지를 잡아당기면 고구마 줄기가 줄줄이 뽑혀 나오듯이 핵심적인 한두 가지 개혁에 집중하게 된다. 즉 변화의 연쇄 반응을 일으키기 위해 급소에 기폭제를 터트리는 것이다. 어디를 급소로 하여 무엇을 기폭제로 쓰면 좋을까?

　내 생각에는 이해관계자들의 저항과 반발이 크더라도 교육 시스템 개혁과 노동 관행 개혁에서부터 시작하는 것이 좋을 것 같다. 연금이나 건강보험 제도나 의료 시스템 같은 경우 국가 경제가 계속 성장하면 큰 문제가 아니게 될 수 있다. 앞서 얘기한 것처럼 우리나라의 성장은 생산성 제고를 위한 혁신이 활발히 일어날 것인가 달려 있다. 기업에서 혁신이 활성화되려면 민주적 토양에서 협력하는 법을 배우고 자기 나름대로 문제를 정의하여 해결책을 찾는 훈련을 충분히 받은 인재들과 사업 부침에 따라 유연하게 고용과 해고가 이루어지는 노동 관행이 꼭 필요하다. 그래서 나는 교육과 노동 개혁을 모든 변화의 급소로 삼아 이에 집중하는 것이 필요하다고 생각한다. 그리고 모든 사회 개혁에 전제가 되는 사회의 공정성을 높이기 위해 경제 사범에 대한 처벌을 대폭 강화한다.

1) 교육 개혁: 대학 서열화 철폐와 다양성·창조성 중시

교육 개혁의 출발점은 대학 간 서열을 없애고 커리큘럼을 다양성과 창의성을 강조하는 방향으로 대학 시스템을 전면 개혁하는 것이다. 그래야 초중고 교육도 근본적으로 변화한다. 현재의 대학 시스템에 근본적 변화를 시도하려면 각 대학의 총동창회를 비롯하여 사회 각계에서 반발이 클 것이다. 그래도 AI의 발달로 지식 공부, 정형화된 문제풀이식 교육의 한계가 모든 사람의 눈에 뚜렷해지고 출산율 저하로 대학의 위기가 현재화되고 있기 때문에 근본적 변화의 필요성에 대해서는 공감대가 이미 상당 수준 형성되어 있으니 공론의 장에서 좋은 방향을 잡으면 정책화될 가능성이 어느 때보다도 클 것 같다. 국민의 입장에서 이를 잘 이끌어나가는 정치집단을 발견하고 이들이 이를 잘 수행할 수 있도록 지지하는 것이 반드시 필요하다.

대학 시스템의 변화 방향에 대해 여러 아이디어가 나와 있는 바 대학에 서열을 매기는 것을 타파하는 것부터 변화가 시작되어야 한다고 생각한다. 워낙 출산율이 낮아졌으니 지금 있는 대학 인프라를 잘 활용하면 굳이 줄을 안 세워도 모든 대학의 수준을 높이도록 국가가 지원하여 대학 교육을 받기 원하는 모든 학생에게 양질의 교육을 제공할 수 있을 것이다. 지방에서도 저렴한 공공 인프라로서 SKY 수준의 교육과 서울 지역 대형 병원 수준의 의료 서비스를 받을 수 있다면 서울에 굳이 살지 않아도 괜찮다는 사람이 상당수 생길 거라고 생각한다. 구체적인 방법은 여러 가지가 있을 수 있는데 중앙대 김누리 교수가 제안하고 있는 국립대 네트워크 구축이 제일 설득력 있다는 생각이 들어 이를 중심 아이디어로 하여 조금 더 생각을 전개해보았다(정치권에서도 2024년 제22대 국회의원선거에서 일부 정당들이 지방 국립대에 대한 투자를 강화하겠다고 발표했다).

전국의 국공립 대학교를 전부 서울대의 캠퍼스 네트워크로 만들어 원하는 곳에서 수업을 듣도록 하는 것이다. 서울 캠퍼스로만 학생이 몰릴 것을 대비해 추첨으로 지역을 정하거나 일정 학기는 지방 캠퍼스에서 수업을 들으며 졸업증명서는 캠퍼스 상관없이 한 종류만 발급한다. 국가 예산 지원을 대폭 늘려 등록금을 최소화하는 한편, 최고 수준의 교수들이 캠퍼스를 넘나들며 강의와 연구를 하게 한다. 학생은 일정 수준의 자격시험을 통과하면 무조건 입학허가를 주되 졸업은 엄격한 기준을 정해서 하게 한다. 황당하게 들릴지 몰라도 지금 50~60대의 대학 시절에는 부산대, 경북대 같은 국립대가 국가 지원으로 등록금을 낮추고 좋은 교수들을 많이 확보하다 보니 인재들이 몰려 현재 서울에 있는 대부분의 대학보다 위상이 훨씬 높았다. 이러한 캠퍼스 네트워크에 최고 수준의 의과 대학과 종합병원을 함께 운영한다. 대학의 커리큘럼은 신입생은 인문학을 통해 민주시민으로서의 소양을 갖추게 하면서 스스로 생각하는 능력을 키우기 위한 읽기, 쓰기, 말하기 훈련에 집중하도록 하고 고학년에 전문 분야를 공부하도록 한다. 이런 기본

소양과 스킬은 수평적 협력이 중요한 IT, AI, 로봇 관련 분야에서 효과적으로 일하는 데도 굉장히 도움이 된다. 캠퍼스 부근에 첨단 기술(AI, 로봇, 반도체, 바이오 등) 벤처 단지와 기존 기업을 위한 연구 및 산업 단지를 조성하여 기업들을 유치하면 자연히 주변에 사람들이 모이고 상권이 활성화되면서 지역의 거점이 될 수 있을 것이다.

앞서 얘기한 것처럼 'AI·로봇화'에서 가장 앞서가는 국가적 테마를 중심으로 학교와 벤처 기술 기업들을 집중 지원하되 간섭은 최소화하는 방향으로 한다. 그 주변에 공공재로서의 공원이나 문화 시설들을 강화하여 사람들이 큰돈 없이도 즐길 수 있도록 한다. 당연히 서울보다 좋은 집을 저렴한 비용으로 사거나 빌릴 수 있으니 결혼하여 자녀를 키우기도 좋을 것이다. 이런 지원은 지방 캠퍼스가 확실하게 수준을 높일 수 있을 만큼 충분히 줘야 하고 지원금을 매개로 한 정부의 간섭을 최대한 없애는 방법으로 이루어져야 할 것이다(콘텐츠 강국이 된 큰 이유가 '지원을 하되 간섭을 하지 않는다' 라는 원칙을 지켰기 때문이라고 생각한다).

각 지방 캠퍼스는 AI·로봇화로 직업을 잃거나 재교육을 받아야 하는 사람들을 훈련시키는 데도 역할을 할 수 있다. 그뿐인가 관련 지방자치단체는 캠퍼스를 중심으로 생기는 주거 단지들에 주민들 스스로가 교대로 주민 대표 맡고 타운홀미팅을 활성화하는 등 주민자치가 정착할 수 있도록 지원할 수 있을 것이다. 이렇게 하다 보면 캠퍼스 주변에 사람과 돈이 모여들어 지방이 활성화될 것이다.

사립대에 대해서는 등록금, 기부금과 커리큘럼, 정원, 입학에 대한 학교의 자율권을 넓혀서 자신들이 가장 잘할 수 있는 분야에 집중하여 다양한 방향으로 발전해 나갈 수 있게 한다. 성공적인 사립대는 국공립 캠퍼스처럼 주변에 벤처 단지를 육성할 수 있을 것이다. 이러한 제도 변화의 과정에서 규제를 최소화하고 학교 간 서열이 무너지면서 보다 수평적인 사회적 네트워크가 활성화되고 혁신이 일어나게 되기를 기대한다.

이런 대학 시스템 변혁이 일어날 때 초중고 교육도 다양성과 창의성을 중심으로 커리큘럼을 전면 개편하여 민주시민으로서의 소양(인문학적 성찰과 말하기, 읽기, 글쓰기)과 스스로 배우고 문제를 나름대로 정의하여 해결하는 능력을 기르도록 한다. 이런 변화는 가정에서 부모와 자녀가 삶에 대한 여러 관점이나 세상에 대한 다양한 탐구심을 논의할 수 있게 되어 훨씬 가까워지는 계기가 될 수 있다.

한 10년 이런 노력을 하여 전국에 5~6개의 대형 서울대 지방 캠퍼스와 몇 개의 성공적인 사립대 캠퍼스가 자리 잡으면 그 과정에서 살기 좋은 나라의 여러 조건이 주변으로 급속하게 확산될 것이라고 생각한다.

2) 노동 개혁: 연공급여 폐지와 유연성 강화

기업의 혁신을 촉진하는 노동 관행은 연공급여의 실질적 폐지와 유연성의 강화다. 말로는 아니라 해도 한국 기업의 임금은 연차가 높을수록 높아지게 되어 있다. 대부분 직무에서 직원의 숙련도와 기여는 일정 기간 후 정체되는 것이 일반적인 데 반하여 임금은 계속 올라가니 기업 입장에서는 자연히 장기근속자를 내보내고 젊은 직원을 더 채용하고 싶어 한다. 강력한 대기업 노동조합이 있는 경우 노동자를 해고로부터 보호해줄 수는 있지만 지나치게 작업 내용이나 근무 위치 변경에까지 각종 제약을 걸어 회사의 경쟁력을 저하시키고 회사로 하여금 가급적 신규 채용보다는 자동화나 로봇 활용을 선호하게 하여 고용에 악영향을 끼치기도 한다. 기업의 연공급여를 완전히 없앨 수 있는 제도적·법적 정비가 필요한 시점이다.

기업의 혁신을 촉진하려면 유연한 해고와 고용, 근로 시간의 유연성, 작업 내용의 유연성을 확대할 필요가 있다. 그런데 유연한 해고와 고용을 위해서는 해고 노동자들의 생활 보장과 재교육이 강화되어야 한다. 해고 노동자를 위한 생활 보장을 위해 실업 보험과 실업 기간 중 회사 대신 국가가 지불하는 의료 보험 혜택이 직장을 구할 충분한 기간만큼 취업 시 수준에 버금갈 수준으로 제공되어야 한다. 현재는 이런 혜택을 받을 수 있는 직장도 혜택의 범위도 실업의 진정한 버팀목이 되기에는 많이 부족하다. 또한 기업의 해고 노동자 우선 재고용과 재취업자에 대한 차별 금지 등을 어느 정도 강제하는 제도적 장치도 필요할 것 같다. 아무리 실업보험이 잘 되어 있어도 기간이 정해져 있는 이상 실업에 대한 두려움을 완전히 해소해줄 수는 없다. 교육, 의료, 주택 등 생활과 직결되는 영역에서 양질의 공공서비스를 국가나 지방자치단체에서 제공하는 것도 방법이다.

한편 노동의 내용과 시간에 대한 유연성도 기업의 혁신에는 중요하다. 잘 알다시피 IT나 AI 관련 산업의 경우 남보다 빠른 출시와 개선이 매우 중요하다. 주당 40시간을 너무 엄격하게 적용하면 기업 경쟁력에 좋지 않은 영향을 줄 수밖에 없다. 앞으로 점점

한 사람이 다양한 역할과 작업을 수행하는 방향으로 업무도 변화해갈 텐데 이를 노동협약에서 지나치게 제약하는 것은 바람직하지 않다. 한국 사회가 노동 유연성을 확보하기 위해서는 최소한 실업보험의 적용 대상 및 기간 확대와 연공서열의 실질적 폐지를 전제로 노동계가 사업구조 조정에 따른 해고를 인정해야 할 것이다. 임금체계도 기본급 중심으로 개편하여, 생활비를 충당하려면 수당을 받아야 하고 자연히 근무시간이 길어지는 관행도 바꾸어야 한다. 기업은 국내 사업장 투자 확대와 해고 노동자에 대한 차별 없는 재고용·재취업 기회 제공을 보장하는 사회적 타협을 해야 한다.

3) 처벌법 개혁: 경제 사범에 대해 미국 수준으로 처벌 강화

우리나라 일반 시민들의 시민의식, 준법정신은 이미 세계적으로 유명하다. 카페에서 핸드폰이나 노트북 컴퓨터를 자기 자리에 두고 화장실에 다녀와도 문제가 없고 점포들이 길거리에 상품을 쌓아놓아도 훔쳐 가는 사람이 없으며 무인 상점이 활발하게 운영되고 있다. 선진국에서조차 기대하기 어려운 일이 우리에게는 일상이다.

그런데 경제범죄가 너무 많다. 다단계부터 시작하여 전세 사기에, 주식 투자 전문가 사칭에, 주가조작, 보이스피싱 등 헤아릴 수 없을 만큼 많은 경제범죄가 도처에서 행해지고 있다. 공무원에게 뇌물을 주고 특혜를 받는 일이나 횡령 사건도 굉장히 많다. 왜 이런 일이 이렇게 많이 일어날까? 경제사범과 전관 비리 관련자를 대상으로 한 봐주기 수사 및 불기소를 포함해 사회의 기본적 신뢰와 공정성을 무너뜨리는 범죄에 대한 처벌이 너무 약한 것이 큰 원인인 것 같다. 미국에서라면 수십 년을 감옥에 있어야 할 사람인데 범죄로 번 돈을 사용해 전관 변호사를 쓰거나 검찰과의 커넥션을 활용하여 기소를 면하거나 겨우 몇 년 복역 후 나와 또 범죄를 저지르거나 떵떵거리며 산다는 얘기가 많다.

경제범죄에 대한 처벌을 미국 수준으로 높여야 한다. 자의적인 불기소, 기소유예나 로비에 의한 약한 처벌을 못하도록 법과 양형 기준을 강화하고, 대통령의 자의적 사면을 제한하며, 미국식 배심원 제도의 전면 도입이나 고위직 판검사에 대한 정년 연장 및 변호사 개업 제한 강화 등을 통해 전관 비리를 원천적으로 차단할 방법을 강구해야 할 것이다.

그외에도 지금 하고 있는 일들을 좀 더 잘하기 위한 노력을 해

야 한다. 예컨대 규제 기관의 독립성을 강화하고 경제 범죄에 대한

수사기관이나 사법부의 전문성을 높히기 위해 조직 보강 및 교육

강화에 힘써야 한다.

양질의 교육, 의료,
주택을 위한 선택

모든 국민이 양질의 교육, 의료, 주택에 적은 비용으로 접근 가능하게 하는 것은 노동의 유연성을 높이기 위해서뿐만이 아니라 모든 국민이 여유롭고 행복한 생활을 누리는 데도 꼭 필요한 일이다. 우리나라는 이 문제를 대부분 민간 시장에 맡기고 일부만 공기업이 관리하거나 지원금을 지급하는 방식으로 운영했다. 한국의 의료 체계는 최근 필수 의료 인력 부족과 의사 정원 문제로 시끄럽기는 하지만 비용 대비 효율 면에서는 세계적으로 보아도 우수한 편인 것 같다. 교육 문제에 대해서는 워낙 SKY에 대한 선호가 높고 이를 위한 사교육이 커다란 사회적 비용을 치르게 하며 문제가 되고 있는 데다가 초중고부터 대학에 이르기까지 점수 경쟁만 시켜 민주적 소양과 스스로 문제를 해결하는 역량을 기르지 못한다는 문제를 가지고 있다. 주택문제는 민간기업의 주도로 공급이 이루어지는데 이제는 주택의 개념이 거주하는 곳이 아니라 투자와 투기의 대상이 되어 가격이 오를 때는 오르는 대로 내려갈 때는 내려가는 대로 커다란 사회 문제가 되고 있다. 서민이나 젊은층에게 양질의 주택을 안정적으로 싸게 제공할 방법이 필요하다. 이런 모든 것을 우리 사회가 해결해 나가는 데는 두 가지의 길이 있다.

미국식 시장 운영 vs. 유럽식 공공서비스 강화

첫 번째 방식은 지금까지처럼 시장에 맡기면서 도움이 필요한 사람들을 위한 출자금을 운영하거나 특별 지원금을 지급하는 것이다. 예컨대 명문대 그중에서도 법대, 의대 등 인기 학과에 가정 형편이 어렵거나 농어촌 출신 입학생의 비중을 획기적으로 높이고 장학금을 지급한다. 아파트 단지 재개발 허가나 신축 허가 시 조건을 완화해주면서 장기 임대주택 비중을 더 높인다. 형편이 어려운 사람의 보험료 부담을 줄여주는 것도 방법이다.

두 번째 방식은 유럽식 공공서비스를 강화하는 것이다. 교육에 있어서는 앞서 얘기한 것처럼 서울대 캠퍼스 네트워크화를 통해 시스템 전체를 개혁하고 희망자는 누구나 무료로 대학을 다닐 수 있게 한다. 성공하면 자연히 사교육이 사그라들 것이다. 의료의 경우도 서울대 전국 네트워크 캠퍼스마다 최상급 종합병원을 만들어 양질의 의료에 대한 접근성을 높인다. 주택에 대해서는 공공 아파트를 많이 지어 장기 임대하는 방식을 생각해볼 수 있으나 잘못하면 주거 환경이 더욱 악화될 수 있어 가급적 시장에 맡기되 서민용 장기 임대의 비중을 높이는 것이 좋을 것 같다.

어떤 방식을 쓰든 정부 지출이 많이 늘어날 것이므로 증세가 필요하다. 앞서 본 것처럼 우리나라의 조세 부담율은 그간 꾸준히 늘어 2021년 23%로 OECD 평균인 25%에 근접하고 있다. 하지만 이는 2020년 기준 덴마크 47%, 스웨덴 43%, 독일 37%, 미국 31% 보다도 훨씬 낮은 수준이다. 추가적 증세는 민감한 이슈다. 하지만 정치인들이 이를 함께 잘사는 사회를 위한 대가라는 것을 잘 설득하여 이를 이루어내야, 전체 소득은 늘지만 개인들은 너무 힘들어 하는 사회가 아니라 모든 사람이 자기가 소중히 여기는 것을 지키면서 누리면서 살아갈 수 있는 사회의 기반을 만들 수 있게 될 것이다.

우리 사회가 어떤 방향을 택하든 상관이 없지만 방향이 없는 채로 그때그때 정치인들의 선심성 정책들에 의해 휘둘리면 우리의 미래는 없다. 그래서 제대로 된 비전과 구체적 정책을 제시하고 실행할 수 있는 역량을 가진 정치집단이 정권을 잡도록 하고 실행을 감시해야 한다. 젊은 우리가 무슨 힘이 있냐고 말하지 마라. 지금처럼 진영이 고착화된 사회에서는 진영 논리에 휘둘리지 않고 냉정하게 바람직한 사회적 변화를 추진할 세력을 골라 지지하는 소수 중도파의 선택이 정권의 향배를 가른다. 여러분 개인의 힘을 모으면 세상을 바꿀 수 있다.

바람직한 사회적 변화를
추진하는 세력을 지지한다

플라톤은 '정치를 외면한 대가는 가장 저질스러운 인간들에게 지배당한다는 것이다.'라고 말했다. 자질이 안 되는 사람을 지도자로 뽑아 권력을 주면 모두가 불행해진다는 뜻일 것이다.

　온 사회가 진영으로 나뉘어 난리다. 무슨 사안이든 일단 자기 진영에게 유리한지 불리한지를 놓고 판단한다. 특정 정치집단이 내세우는 것이 정말 국민 전체나 자기가 속해 있는 계층에 도움이 될지는 잘 따지지도 않는다. 그냥 해당 정치집단이 추상적으로 내세우는 보수 진영이나 진보 진영의 깃발만 보고 무조건 지지하는 사람들이 많다. 상대 진영 사람이 하는 말이나 행동은 모두 나쁜 의도이고 음모가 뒤에 있다고 생각한다. 정책에 대한 대화와 토론이 실종된 지 오래다. 정치인은 그렇다 치고 일반 시민들도 편을 갈라 서로 다툰다.

심리학에서 말하는 확증편향이 넘쳐나는 세상이다. '확증편향'이란 자신의 가치관, 신념, 판단에 부합하는 정보에만 주목하며 다른 정보는 무시해버리는 사고방식을 말한다. 정치적 양 진영에는 이런 확증편향을 가진 사람이 많다. 대체로 보수 진영이 전체 유권자의 30% 정도, 진보 진영이 30% 정도, 어느 진영에도 속하지 않고 그때그때 판단에 따라 투표하는 무당층 내지 중도파가 40% 정도라고 한다. 양 진영 사람들도 무조건 자기편이라고 지지하지 말고 해당 정권의 공약 실행 및 성과를 보고 지지하는 것이 중요하지만 어차피 그들이 변할 가능성은 높지 않을 것 같다.

결국 정권의 향배는 중도파가 어디에 힘을 실어주느냐에 달려 있다. 어쩌면 정치투쟁만 하면서 실제 필요한 개혁은 못하는 양대 정당 말고 프랑스 마크롱 대통령처럼 새로운 정치세력으로서 매력적인 비전과 그를 위한 구체적인 정책을 제시하여 집권한 후 국민들의 지지를 바탕으로 개혁을 주도할 수도 있을 것이다. 꼭 그렇지 아니더라도 기존 양대 거대 정당이 집권하기 위해서는 남을 비방하고 욕하는 것만으로는 안 되고 자신의 비전과 정책을 놓고 유권자들의 심판을 받아야 한다고 믿게 해야 한다. 그러자면 젊은 유권자들은 거짓 뉴스와 프레임, 선동에 넘어가지 말고 정치세력들의 실제 행동과 성과를 잘 보고 지지 여부를 판단해야 한다. 워낙 근년의 선거가 5%도 안 되는 차이로 당락이 결정되는 경우가 많기 때문에 중도층 40% 가운데 10%만 이렇게 현명하게 판단하여 투표하면 정권을 바꿀 수도, 정권을 견제할 수도 있다. 정상적인 정치집단이라면 이들의 의견에 귀를 기울이고 이들에게 어필할 수 있는 정치 의제를 제시할 것이다.

정당은 실행 가능한 정책을 펴고 국민은 구체적인 행보를 지켜봐야 한다

대통령 선거 때만 되면 수십 수백 가지 정책을 공약으로 내세운다. 한 후보의 정책이 인기를 얻으면 다른 후보도 그 정책을 자신의 공약으로 추가한다. 표현도 이해관계자들의 반대를 의식해서인지 모호하다. 그래서인지 나는 후보들의 공약집을 읽어도 어떤 나라를 만들겠다는 것인지 잘 이해되지 않는 경우가 많았다.

차라리 박근혜 후보의 '줄푸세'('세금은 줄이고 규제는 풀고 법 기강은 세운다'는 의미를 담아 작지만 강하고 보수적인 정부를 지향하겠다는 뜻) 구호나 노무현 대통령의 '누구나 어디서나 대한민국'(국토의 균형 있는 발전을 강조하겠다는 뜻) 구호가 해당 정치인 내지 정치집단이 가지고 있는 비전을 뚜렷하게 보여주었다고 생각한다. 최근 총선 캠페인에서 어느 정당은 '사회권(양질의 주택, 의료, 교육을 국가에 요구할 권리)이 있는 사회'를 구호로 내세웠다.

이처럼 각 정치집단은 자신의 정치 의제를 잘 표현하는 두세 가지 구호를 제시하고 공약집은 이 구호들을 구체화하기 위한 소수의 주요 정책만을 담으면 좋겠다. 여기 정책 중에는 해당 구호를 실시하는 데 필요한 정책도 반드시 포함되어야 한다. 예컨대 '줄푸세'를 위해 구체적으로 어떤 세금을 얼마나 줄이겠다는 것인지 그럴 때 재정 지출은 어느 부분에서 얼마나 줄이겠다는 것인지 구체적인 정책이 있어야 한다. '사회권이 있는 사회'를 주장하려면 재원이 필요한데 조세 부담을 얼마나 어느 분야에서 올리겠다는 것인지 아니면 어떤 분야의 지출을 대폭 줄이겠다는 것인지에 대한 실제적이고 세밀한 정책을 만들어야 한다. 그게 아니면 이는 표를 얻기 위한 뻔한 거짓말이 될 것이다. 정치 원로나 정치 평론가라는 사람들이 대통령 당선 후 지키지 못할 공약은 빨리 사과하고 털고

가야 한다는 말을 하는 것을 들으며 여야 할 것 없이 대국민 사기극을 당연시하는 이런 풍토는 반드시 없어져야 한다고 생각한다.

정치세력이 표를 얻기 위하여 온갖 좋다는 정책을 다 넣어 실질적 정치 의제를 두루뭉술하게 정해놓고 정적 공격이나 해댄다면 언론은 예리한 질문을 통해 그 정치인이 어떤 나라를 만들려고 하는지와 그를 위한 핵심 정책에 대한 구체적인 생각은 무엇인지를 시민들에게 알려야 한다. 맨날 인적 검증한다고 선정적 기사만 올리다 이런 진짜 중요한 비전과 정책은 그냥 넘어가서는 안 된다. 진영 논리에 빠진 사람들이 자기 진영 후보를 몰아세운다고 해당 언론을 공격하면 진영 논리에 매몰되지 않은 젊은 유권자들이 이런 언론을 보호하고 지원해야 한다.

다음에는 당선된 대통령과 집권 여당이 얼마나 핵심 공약을 수행해서 성과를 냈는지를 판단해 임기 중간에 있는 총선에서 표에 반영한다. 이때도 정치인들과 진영 논리에 매몰된 언론은 온갖 인신공격과 진영 논리로 상대를 욕하고 폄하하려고 할 것이다. 불행인지 다행인지 모르겠지만 요즘은 각종 유튜브 채널이 있어 주류 언론의 편향성을 어느 정도 상쇄해주고 있다. 나는 보수성향 신문과 진보성향 신문을 골고루 읽으려 하고 몇몇 보수, 진보 성향 유튜브 채널을 함께 구독하고 있다. 나도 처음에는 대통령이 어떠니 대통령 부인이 어떠니 하는 기사들을 보고 지도자의 처신이 왜 저런가 싶어 괜히 기분이 상하곤 했지만, 이제는 그런 지엽적이고 말단적인 것이 아니라 본질적이고 중요한 것에 더욱 관심을 쏟기로 했다(도대체 대통령이 자기 참모와 욕 좀 섞어 대화했다 한들 뭐가 그렇게 온 나라가 시끄러울 일인가 싶다). 현 정권이 약속한 '공정과 상식' 그리고 '4대 개혁(의료, 교육, 노동, 연금 개혁)'을 얼마나 잘 수행해내는지를 유심히 지켜보고 지지 여부를 판단하자.

얼마 전 내가 다니는 교회의 대학부 부감을 맡으면서 대학생들과 얘기를 할 기회가 많아졌다. 이 청년들은 열심히 살면서 신앙생활도 잘하고 있다. 그런데 이야기를 하다 보니 이들이 사회에 들어가 만나는 세상은 어떨지, 세상에 잘 적응할 수 있을지, 아니면 적응한다고 세상과 너무 타협하여 양심에 어긋나는 삶을 살게 되는 것은 아닐지 하는 걱정이 들었다. 이런 세상에서 성실하고 원칙대로 사는 당신은 세상의 빛과 소금이다. 손해를 볼 줄 알면서도 규칙을 지키고, 남과 뻔한 것을 놓고 경쟁하는 대신 실력을 키워 새로운 성과를 만들려고 무진 애를 쓰는 당신 같은 사람이 있기 때문에 우리 사회가 지금 이만큼 살기 좋은 곳이 됐다. 급속한 노령화와 낮은 출산율에도 불구하고 우리는 AI와 로봇 기술을 잘 활용하여 계속 성장할 수 있을 것이다. 이제 우리 사회는 각기 소중한 것을 누리면서 행복하게 사는 진정한 선진국이 될 것인지를 결정하는 갈림길에 도달해 있다. 알 만한 사람은 입을 모아 진짜 살기 좋은 사회가 되려면 우리의 삶의 방식을 바꾸어야 한다고 말한다. 당신의 융통성 없고 남과 다르게 사는 것은 부끄러운 일이 아니라 오히려 지금 이 세상에서 용기를 내서 실천해야 할 꼭 필요한 미덕이다. 당신처럼 사는 사람이 많아져야 한다.

세상과 타협하지 말고 당신의 양심과 삶의 방식을 지켜나가기 바란다. 주변의 많은 사람이 당신을 비웃을 수도 있다. 사회생활에 어두운 답답한 사람이라고 하면서 말이다. 그러나 주변에는 돈이나 권력 같은 것을 숭배하고 경쟁주의와 능력주의가 선을 넘어버린 이 사회를 숨막혀 하는 사람도 많다. 그런 사람 중에도 당신을 보고 용기를 내서 지금까지와는 다른 삶을 살려고 하려는 사람이 나올 것이다. 개인으로서는 아주 작은 힘이지만 그 수가 임계점을 넘으면 사회가 바뀐다. 거기에다 당신이 공식적인 영향력을 끼칠 수 있는 사회적 위치에 오르면 그 영향력은 더 커질 것이다. 다만 나는 이렇게 바르게 산다고 자랑하거나 자기 생각을 설교하는 말 같은 것은 하지 말기 바란다. 잘못하면 예수님이 그렇게 못마땅해

하셨던 바리새인처럼 자기도 못 지킬 기준을 남에게 강요하고 정죄하는 위선자가 된다. 사람들의 영향력은 말이 아니라 행동과 삶에서 나온다. 말이 앞서면 오히려 역효과가 나기 쉽다.

개인 차원에서 삶의 변화도 필요하지만 이러한 삶의 변화가 지속될 수 있는 사회적 여건을 만드는 것도 중요하다. 그래서 그러한 사회적 여건을 만들 수 있도록 개혁 과제들을 해결해나가기 위해 힘을 모아야 한다. 보수와 진보 양 진영의 확증편향과 상대에 대한 무조건적인 적대적 프레임에 휩쓸리지 말고 이 시점에 우리 사회에 꼭 필요한 정치 의제가 무엇인지 알아야 한다. 사회에 필요한 정치 의제를 주장하고 그것을 위한 구체적인 정책을 제시하는 정치세력을 골라 지지하자. 전체 유권자의 10% 아니 5%만 이를 행해도 정치세력을 각성시킬 수 있다. 당신이 바로 이 모든 변화의 주인이다. 성실하고 세상과 타협하지 않으면서 자기에게 소중한 것을 지키려는 이들이 보다 나은 세상의 주역이 되는 날을 소망하면서 글을 마친다.

그대들의 불안에 바치는 書(서)

초판 1쇄 인쇄   2024년 6월 25일
초판 1쇄 발행   2024년 7월 10일

지 은 이   조준호
발 행 인   정수동
편집주간   이남경
편   집   김유진

발 행 처   저녁달
출판등록   2017년 1월 17일 제2017-000009호
주   소   경기도 파주시 문발로 142 니은빌딩 304호
전   화   02-599-0625
팩   스   02-6442-4625
이 메 일   book@mongsangso.com
인스타그램   @eveningmoon_book
유 튜 브   몽상소

I S B N   979-11-89217-29-7 03100
ⓒ 조준호, 2024